Frankenstein und die Illuminaten

Wie Mary Shelley ihren Roman „Frankenstein" erschuf

Inhalt

6   Einleitung

8   1. Teil

Mary Shelleys Jugendjahre (1797–1818)

10   Am Vorabend der Revolution
14   Sehnsucht nach Liebe
16   Ein unruhiger Geist
22   Flucht in die Schweiz
30   Vom Vater verstoßen
34   Der Sommer in Genf
48   Die Eiswelt von Chamonix

58   2. Teil

Frankenstein oder Der moderne Prometheus

60   Wie erweckte Frankenstein sein Monster zum Leben?
64   Die Geschichte der Elektrizität
66   Luigi Galvani
69   Erasmus Darwin

Umschlaginnenseite:
**Brompton Cemetery in London
(England)**

Erste Seite:
**Die „echte" Burg Frankenstein
bei Mühltal, nahe Darmstadt
(Deutschland)**

Seite 2/3:
**Royal Court of Justice in London
(England)**

- 70 Wie kam Frankenstein zu seinem Namen?
- 84 Johann Konrad Dippel
- 86 Wie Mary Shelley ihren Roman „Frankenstein" erschuf
- 92 Die Braut des Monsters
- 94 Das Leben nach „Frankenstein" (1818–1851)
- 98 Frankenstein auf der Bühne
- 100 Der verrückte Wissenschaftler

- 102 3. Teil

Ingolstadt, die Hochburg der Illuminaten

- 104 Der gefährlichste Geheimbund aller Zeiten
- 110 Adolph Freiherr Knigge
- 112 Das Ende der Illuminaten

- 125 Literaturverzeichnis
- 126 Landkarte
- 128 Impressum

Einleitung

Im Juni 1816 begann ein 18-jähriges Mädchen einen Roman zu schreiben, dessen Titel heute noch jeder kennt: „Frankenstein". Die Autorin: Mary Shelley. Aber wie kam ein so junges Mädchen dazu, sich eine solch schaurige Geschichte auszudenken? Die Idee sei ihr in einem Traum eingefallen, behauptete Mary später. Diese Erklärung lässt allerdings viele Fragen offen. Sollte „Frankenstein" nur ein reines Fantasieprodukt sein? Oder wollte Mary die Quellen ihrer Inspiration bewusst verschleiern? Genau genommen gibt sie selbst zu, dass nur die Bilder der Schlüsselszene in einer Art Wachtraum auftauchten: Ein Wissenschaftler erweckt einen toten Körper zum Leben!

Woher kamen die vielen übrigen Ideen? Um dieses Geheimnis zu lüften, wollen wir uns näher mit Marys ungewöhnlichem Leben und den Schauplätzen ihres Romans befassen. Mit 16 Jahren lernte Mary den Dichter Percy Shelley kennen, der sie entscheidend beeinflussen sollte. Als sich die beiden Hals über Kopf ineinander verliebten, flohen sie 1814 gemeinsam mit Marys Stiefschwester Claire in die Schweiz. Doch schon bald ging ihnen das Geld aus, sodass sie auf dem billigsten Weg zurückkehren mussten, nämlich mit einem Postschiff den Rhein hinunter. Dabei segelten sie an der Burg Frankenstein bei Darmstadt vorbei. Unklar bleibt bis heute, ob Mary von den Legenden erfuhr, die sich um dieses alte Gemäuer ranken. Eine dieser Sagen wurde von den Brüdern Grimm niedergeschrieben, andere erzählen von Hexen und einem Alchemisten namens Johann Konrad Dippel, der sich der dunklen Magie verschworen hatte und angeblich auf der Burg Frankenstein mit Leichen experimentierte. Ob er als Vorbild für Viktor Frankenstein diente?

Abney Park Cemetery in London (England)
Mary Shelley gelang es nicht, ihren ständigen Begleiter, den Tod, abzuschütteln.

Zurück in London, erlebte Mary eine schwere Zeit. Ihr Vater verstieß sie, weil sie gegen seinen Willen mit Percy geflüchtet war. Anfang 1815 brachte Mary ein Kind zur Welt, das jedoch kurz darauf starb. Nichts wünschte sie sich sehnlicher als die Tochter wieder lebendig zu machen.

Im Frühsommer 1816 reiste sie mit Percy und Claire abermals in die Schweiz, diesmal nach Genf, wo sie Lord Byron und seinen Arzt Polidori trafen. Percy und Byron unterhielten sich oft über wissenschaftliche Themen wie etwa den Galvanismus. Dabei setzte man Leichen unter Strom, worauf sie sich bewegten, als würden sie zum Leben erwachen. In einer stürmischen Gewitternacht machte Byron spontan den Vorschlag, jeder von ihnen solle selbst eine Geistergeschichte schreiben. Die Geburtsstunde von „Frankenstein"! Mary verarbeitete ihre vielen Eindrücke und Erlebnisse, woraus einer der berühmtesten Horror-Romane aller Zeiten entstand.

Eine Sache gibt allerdings Rätsel auf. Warum studierte Viktor Frankenstein ausgerechnet in Ingolstadt? Ein Blick in die Geschichte zeigt schnell, was diese Stadt so faszinierend macht: Dort wurde 1776 der Geheimbund der Illuminaten gegründet! Aber was hat „Frankenstein" mit den Illuminaten zu tun? Percy sympathisierte mit diesem Geheimbund, und auch Mary las ein Buch darüber. Gab es eine geheime Verbindung? Im letzten Teil wollen wir uns ausführlich mit den Illuminaten beschäftigen und in die Welt dieser Verschwörer eintauchen, die von sich selbst behaupteten, sie hätten alle Regierungen Europas unterwandert.

Gerald Axelrod

Mary Shelleys

Jugendjahre (1797–1818)

Parlament und Big Ben in London (England)
In London verbrachte Mary Shelley die meiste Zeit ihres Lebens.

Mary Shelley
Sie kam als Tochter zweier berühmter Schriftsteller zur Welt.

Rechte Seite:
Tower von London (England)
Godwin hasste die Monarchen, weil sie das Volk unterdrückten.

William Godwin
Mary Shelleys Vater galt als radikaler Philosoph.

Am Vorabend der Revolution

Mary Godwin, besser bekannt unter ihrem späteren Namen Mary Shelley, kam am 30. August 1797 in London als Tochter zweier berühmter Schriftsteller zur Welt. Ihr Vater William Godwin (1756–1836) gehörte zu den bekanntesten, aber auch umstrittensten englischen Philosophen jener Zeit. Da seine politischen Anschauungen naturgemäß auch seine Tochter stark beeinflussten und sich folglich im Roman „Frankenstein" wiederfinden, wollen wir kurz auf William Godwin und jene unruhige Zeit am Ende des 18. Jahrhunderts eingehen.

Außer in der Schweiz herrschten damals in allen europäischen Ländern Monarchien, die das Volk mehr oder weniger brutal unterdrückten und überdies erstaunlich wenig Verständnis für das Elend zeigten, in dem ein Großteil der Bevölkerung lebte. Nichts bringt diese Situation besser auf den Punkt als das berühmte Zitat von Marie Antoinette, der letzten französischen Königin. Als Paris von den ersten Unruhen erschüttert wurde, fragte sie ihren Diener ganz verblüfft, warum das Volk rebelliere. „Weil es kein Brot zum Essen hat", antwortete er, worauf Marie Antoinette verwundert meinte: „Warum isst es dann keinen Kuchen?"

Am 14. Juli 1789 brach in Paris die Französische Revolution aus. Ihre Ideale von Freiheit, Gleichheit und Brüderlichkeit begeisterten William Godwin so sehr, dass er zwei Jahre später mit den Arbeiten an seinem wichtigsten Werk begann: „Untersuchung über die politische Gerechtigkeit" („Enquiry Concerning Political Justice"). Godwin hasste die Monarchie, die staatlichen Institutionen und die Kirche. In seinem Buch kritisierte er zunächst scharf die bestehenden Verhältnisse, um anschließend das Bild einer neuen, freien Gesellschaft zu entwerfen. Dank der Vernunft seien die Menschen in der Lage, ihr Leben selbst zu gestalten und durch Diskussionen die Beziehungen untereinander zu regeln. Dazu sei aber keine Revolution notwendig. Wenn die Menschen eine bessere Bildung bekämen, werde sich die Gesellschaft ganz von selbst in diese Richtung entwickeln.

Die ausdrückliche Ablehnung eines gewaltsamen Umsturzes ließ Godwin in den Augen der Obrigkeit als harmlosen Spinner erscheinen, sodass er niemals verhaftet und sein Buch nie verboten wurde, während die Regierung andere Kritiker in die gefürchteten australischen Strafkolonien deportierte. Doch Godwins Ruhm und Einfluss sollten ohnehin nur von kurzer

St Pancras Old Church in der Pancras Road, London (England)
In dieser Kirche fand die Hochzeit von Mary Wollstonecraft und William Godwin statt.

Mary Wollstonecraft
Mutig forderte Mary Shelleys Mutter mehr Rechte für die Frauen.

Plakette Mary Wollstonecraft, Newington Green Primary School (Matthias Road) in London (England)
Inschrift: „Schriftstellerin, Lehrerin und Feministin. Eröffnete 1784 nahe dieser Stelle eine Mädchenschule."

Dauer sein. Mit Entsetzen beobachteten die Engländer, wie in Frankreich der „Blutrichter" Robespierre gnadenlos eine Terrorherrschaft aufbaute und seine Gegner ihren Kopf unter der Guillotine verloren. Aus dem blutigen Chaos ging schließlich Napoleon als neuer Herrscher hervor, der bald ganz Europa in den Krieg stürzte. So überrascht es kaum, dass in England eine große Ernüchterung eintrat, was Revolutionen und Gesellschaftsveränderungen anbelangte. Beides war kein Thema mehr, und Godwin geriet mit seinen Utopien aufs Abstellgleis. Fortan quälten ihn für den Rest seines Lebens ständige Geldsorgen.

Privat fand er allerdings sein Glück, als er sich 1796 in Mary Wollstonecraft (1759–1797) verliebte, eine engagierte Frauenrechtlerin, die ihrer Zeit weit voraus war. Sie hatte mit ihrem Buch „Eine Verteidigung der Rechte der Frau" („A Vindication of the Rights of Woman", 1792) die Grundfesten der Männerwelt erschüttert. Im Mittelpunkt stand die Forderung nach einer besseren Schulbildung für Mädchen, die damals kein College, geschweige denn eine Universität besuchen durften. Frauen wirkten oft unterlegen und dümmer als Männer. Schuld daran war aber nur die mangelhafte Bildung. Deshalb verlangte Mary Wollstonecraft die gemeinsame Ausbildung von Mädchen und Buben in denselben Klassen mit denselben Lehrplänen. Bereits 1784 hatte sie in London eine Mädchenschule gegründet, worauf heute noch eine Gedenkplakette hinweist. Wegen finanzieller Probleme musste die Schule jedoch nach einigen Jahren wieder schließen.

Mary Wollstonecrafts Buch löste einen Skandal aus und führte zu einer regelrechten Hetzkampagne gegen sie. Die Beschimpfungen reichten von „Hyäne

St Pancras Old Church in der Pancras Road, London (England)
Vor diesem Altar gaben sich Marys Eltern das Ja-Wort, doch ihr Glück sollte nicht von langer Dauer sein

im Unterrock" bis „Hure". Im Dezember 1792 kehrte sie daher England den Rücken und reiste nach Paris, wo sie sich in den amerikanischen Geschäftsmann Gilbert Imlay verliebte. 1794 kam ihre Tochter Fanny zur Welt. Doch Imlay wollte keine dauerhafte Beziehung, geschweige denn eine Heirat. Stattdessen betrog er Mary mit einer jungen Schauspielerin. Deprimiert kehrte die Frauenrechtlerin im April 1795 nach London zurück, wo sie ein Jahr später William Godwin traf, mit dem sie eine Seelenverwandtschaft zu verbinden schien. Als sie schwanger wurde, entschlossen sich die beiden zu heiraten, obwohl Godwin in seinem Buch „Politische Gerechtigkeit" die Institution der Ehe in Grund und Boden verdammt hatte. Wie wir später allerdings noch öfters sehen werden, klafften bei Godwin tiefe Abgründe zwischen Theorie und Praxis. Im Moment erschien es ihm jedenfalls ratsam, seine Grundsätze über Bord zu werfen, um einer gesellschaftlichen Ächtung zu entgehen.

Am 29. März 1797 fand die Hochzeit in der Kirche St. Pancras statt, die heute noch steht (St Pancras Old Church in der Pancras Road, nicht zu verwechseln mit der St Pancras New Church in der Euston Road). Danach zog das Brautpaar in ein Haus in der Polygon Road 29. Heute ragt an dieser Stelle ein moderner Wohnblock empor, aber eine Gedenkplakette erinnert noch an Mary Wollstonecraft. Hier brachte sie am 30. August 1797 ihre Tochter Mary zur Welt, die später als Autorin von „Frankenstein" Weltruhm erlangen sollte. Bei der Geburt traten jedoch Komplikationen auf. Nach einigen Tagen erkrankte Mary Wollstonecraft am Kindbettfieber und starb am 10. September 1797. Sie wurde auf dem St.-Pancras-Friedhof beigesetzt, wo noch immer ihr Grabstein steht. Ihr Leichnam dagegen wurde später exhumiert und gemeinsam mit jenem ihres Mannes Seite an Seite mit ihrer Tochter in Bournemouth bestattet.

Plakette Mary Wollstonecraft in der Polygon Road, Ecke Oakshott Court in London (England)
Inschrift: „Autorin von ‚Eine Verteidigung der Rechte der Frau'". Hier in der Polygon Road kam Mary Shelley zur Welt.

Ehemaliges Grab von Mary Wollstonecraft auf dem St Pancras Cemetery in London (England)
Schon als kleines Mädchen besuchte Mary regelmäßig das Grab ihrer Mutter.

Sehnsucht nach Liebe

Nach dem plötzlichen Tod seiner Frau musste sich William Godwin zunächst selbst um die beiden Kinder kümmern, Mary und ihre Halbschwester Fanny, bis vier Jahre später Mary Jane Clairmont ins Nachbarhaus einzog. Sie warf sich Godwin, dem berühmten Autor, regelrecht an den Hals. Am 21. Dezember 1801 heirateten die beiden, womit sich einiges ändern sollte. Clairmont entpuppte sich als die böse Stiefmutter, wie wir sie aus den Märchen kennen. Sie bevorzugte ganz offen ihre beiden eigenen Kinder Claire und Charles, womit für Mary und Fanny eine schwere Zeit anbrach. Später schrieb Mary: „Ich hasse Mrs. G. [Godwin, wie Clairmont nach der Eheschließung hieß]" (Brief vom 28. Oktober 1814)

Zu allem Überfluss erwies sich William Godwin als gefühlskalter Mensch, der Mary weder väterliche Liebe noch Zuneigung geben konnte. So überrascht es kaum, dass die Sehnsucht nach Liebe zu einem zentralen Thema für sie wurde und auch in „Frankenstein" eine dominierende Rolle spielt. Vorerst aber musste sich die kleine Mary selbst trösten, wobei sie fast täglich das Grab ihrer Mutter besuchte. Eine Anekdote erzählt, dass Mary schreiben lernte, indem sie mit dem Finger die Grabinschrift nachfuhr. Beweise gibt es dafür zwar keine, aber wenn die Geschichte nicht wahr ist, so ist sie jedenfalls gut erfunden.

Mary und Fanny wurden von ihrem Vater unterrichtet, wobei sich Mary als die weitaus intelligentere und wissbegierigere Schülerin erwies. So kam sie in den

Hardy Tree auf dem St Pancras Cemetery in London (England)
In den 1860er-Jahren musste ein Teil des alten Friedhofs dem neuen St.-Pancras-Bahnhof weichen. Thomas Hardy überwachte die korrekte Verlegung der Grabsteine und ließ sie um diesen Baum herum aufstellen.

Genuss einer umfassenden Ausbildung wie kaum eine andere Frau jener Zeit. Es ist keine Übertreibung zu sagen, dass Mary später zu den gebildetsten Frauen Englands gehörte.

Ihr Vater kämpfte derweilen als freier Schriftsteller ums Überleben. Da seine politischen Utopien jetzt, wo sich England im Krieg gegen Frankreich befand, niemanden mehr interessierten, schrieb er Romane und Theaterstücke – mit gemischtem Erfolg. Deshalb schlug ihm seine Frau vor, auf Kinderbücher umzusteigen. 1805 gründeten die beiden den Kinderbuchverlag M. J. Godwin & Co., der sich in den Anfangsjahren als durchaus profitabel erwies. In einem der Bücher wurde die Geschichte „Mounseer Nongtongpaw" abgedruckt, die aus der Feder der elfjährigen Mary stammen soll. Heute ist es zwar umstritten, ob Mary wirklich die Autorin war. Fest steht aber, dass sie schon sehr früh zu schreiben begonnen hat. „Es ist nichts besonderes, dass ich als Tochter zweier Personen von beträchtlichem literarischen Ansehen schon frühzeitig in meinem Leben auch selbst ans Schreiben dachte", erklärte sie später im Vorwort zur 3. Auflage von „Frankenstein".

Im Sommer 1812 verschlechterte sich Marys Gesundheitszustand. Auf Anraten des Arztes schickte Godwin sie zu Freunden nach Dundee (Schottland), damit sie sich an der frischen Luft erhole. Dieser Urlaub in Schottland, der mit Unterbrechungen 16 Monate dauerte, gehörte zur glücklichsten Zeit ihrer Kindheit. Weit weg von der verhassten Stiefmutter konnte Mary

Wandbild im Innenhof der St Mary and St Pancras Primary School in der Polygon Road in London (England)
Dieses 11 mal 15 Meter große Wandbild zeigt, wie die Gegend um die St.-Pancras-Kirche früher ausgesehen hat. Wer genau hinschaut, entdeckt Percy und Mary Shelley, ihre Eltern und das Monster.

Rechte Seite:
St Pancras Station in London (England)
Wer würde vermuten, dass sich hinter diesen märchenhaften Mauern ein Bahnhof verbirgt?

die freie Natur genießen und ihre Fantasie walten lassen. „Dort, unter den Bäumen nahe unserem Haus oder auf den gebleichten Felsen der baumlosen, nahen Berge, wurden meine wahren Erfindungen, die luftigen Gestalten meiner Vorstellungskraft, geboren und aufgezogen", schrieb sie später. Als sie am 30. März 1814 nach London zurückkehrte, lernte sie kurz darauf einen Bewunderer ihres Vaters kennen, der bald ihr ganzes Leben auf den Kopf stellen sollte: Percy B. Shelley.

Ein unruhiger Geist

Percy Bysshe Shelley kam am 4. August 1792 als Enkel und Alleinerbe eines reichen Baronet zur Welt (ein Baronet gehörte dem englischen Kleinadel an, im Gegensatz zum Baron, einem Mitglied des Hochadels). Schon als Kind unterschied er sich deutlich von seinen Altersgenossen: Seine Leidenschaft galt wissenschaftlichen Experimenten, mit denen er seinen Schwestern gerne einen Schrecken einjagte. Außerdem verschlang er mystische Bücher über große Alchemisten wie Albertus Magnus und Paracelsus. Daneben besaß er ein Faible für Naturwissenschaften und Schauerromane.

Sein Vater Timothy Shelley konnte wenig mit diesen ausgefallenen Interessen anfangen. Um seinem Sohn die Flausen auszutreiben, schickte er ihn zunächst auf eine Privatschule, dann 1804 auf das Eton College, wo Percy ein Martyrium durchlitt, das ihn entscheidend prägen sollte. Beinahe täglich lauerten ihm die älteren Schüler auf, schlugen ihm die Bücher aus der Hand, zerrissen seine Kleider und verprügelten ihn so lange, bis er aus Leibeskräften schrie. In der Folge zog sich Percy ganz von allen schulischen Aktivitäten zurück,

Percy Bysshe Shelley
Heute gilt er als einer der bedeutendsten romantischen Dichter.

verweigerte die Teilnahme am Sport und verkrümelte sich lieber in seinem Zimmer, wo er Unmengen von Büchern las. Seine lieben Mitschüler gaben ihm bald den Spottnamen „Mad Shelley" (Verrückter Shelley). Um diesem Namen alle Ehre zu machen, setzte er seine wissenschaftlichen Experimente fort und jagte einmal einen Baum mit Schießpulver in die Luft. Ein anderes Mal schloss er eine Elektrisiermaschine an eine Türschnalle an, sodass der Lehrer einen Stromschlag bekam, als er die Schnalle berührte. Außerdem führte Percy einmal eine Geisterbeschwörung durch, nur um sich anschließend die ganze Nacht vor dem Schattenwesen zu fürchten, das er glaubte herbeigerufen zu haben. So überrascht es kaum, dass sein eigener Vater ihn in eine Irrenanstalt einliefern lassen wollte! Zum Glück attestierte ihm ein Arzt jedoch geistige Gesundheit.

1810 beendete Percy seine Schulzeit am verhassten College und begann ein Studium an der Universität Oxford. Dort veröffentlichte er noch im selben Jahr seinen ersten Roman: die Schauergeschichte „Zastrozzi".

Kurz darauf erschien sein erster Gedichtband, den er zusammen mit seiner Schwester Elisabeth geschrieben hatte. Beide wählten Pseudonyme, wobei sich Percy für „Viktor" entschied, sodass der Band „Original Poetry by Victor and Cazire" hieß. Später gab Mary Shelley ihrem Romanhelden ebenfalls den Vornamen Viktor – eine deutliche Anspielung auf Percy. Auch ansonsten sind viele Ähnlichkeiten zwischen Percy und Viktor Frankenstein weder zufällig noch unbeabsichtigt, sondern ganz augenfällig, wie wir noch sehen werden.

Im darauffolgenden Jahr publizierte Percy seinen zweiten Schauerroman: „St. Irvyne; or, the Rosicrucian". Interessanterweise hieß der Held der Geschichte „Wolfstein". Dies dürfte Mary später für den Namen „Frankenstein" empfänglich gemacht haben, um es vorsichtig auszudrücken. Mary nahm das Geheimnis, wo und wann sie den Namen „Frankenstein" zum ersten Mal gehört und warum sie sich für ihn entschieden hatte, mit ins Grab. Deshalb kursieren unzählige Theorien, und eine davon lautet, der Name habe ihr gefallen, weil er eine Mischung aus Franklin (dem Erfinder des Blitzableiters) und Wolfstein ist.

Bald darauf schrieb Percy, der vor lauter Ideen nur so übersprudelte, das Pamphlet „Die Notwendigkeit des Atheismus". Es begann mit den Worten „Es gibt keinen Gott" und man kann sich leicht vorstellen, welchen Sturm der Entrüstung das kleine Heftlein auslöste. Am 25. März 1811 flog Percy hochkantig aus der Universität hinaus. Anzumerken bleibt, dass die Universität Oxford heute natürlich mächtig stolz ist auf ihren ehemaligen Schüler. Percy Shelley gilt – neben Lord Byron – als der bedeutendste Dichter der englischen Romantik, der ganze Generationen von nachfolgenden Dichtern beeinflusste. Deshalb gibt es in der Bibliothek von Oxford ein eigenes Shelley-Forschungszentrum. Dass die Universität mit dem Rauswurf alles in ihrer Macht stehende getan hat, um Percys schriftstellerische Laufbahn zu ruinieren, wird dabei nur am Rande erwähnt.

Der Rausschmiss zog eine verhängnisvolle Konsequenz nach sich, nämlich den Bruch mit dem Vater, der nun endgültig die Nase voll hatte von den verschrobenen Ideen seines Sohnes und jede weitere finanzielle Unterstützung verweigerte. Percy siedelte nach London über und mietete eine Wohnung in der Poland Street, wo heute eine Gedenkplakette und ein Wandbild an den Dichter erinnern. Sein Onkel gab ihm ein wenig Geld, mit dem er sich über Wasser halten konnte. Fest entschlossen, sein Leben der Kunst zu widmen, dachte Percy nicht daran, sich eine Arbeit zu suchen. Stattdessen traf er sich nun öfters mit seinen beiden jüngeren Schwestern und lernte dabei deren 16-jährige Freundin Harriet Westbrook kennen, die eigentlich ein glückliches Leben hätte führen können. Sie war die Tochter eines wohlhabenden Kaffeehausbesitzers, der ihr eine gute Schulausbildung finanzierte. Doch anstatt dieses Privileg zu genießen, beklagte sie sich bei Percy über die Unterdrückung durch ihren Vater und die Lehrerin und dachte offen über Selbstmord nach. Percy, der am Eton College selbst ein Martyrium durchlebt hatte, empfand seither übergroßes Mitgefühl und Sympathie für alle Unterdrückten dieser Welt. Es schien, als ob in seinem Gehirn ein Schalter umgelegt würde, sobald er von einer Unterdrückung erfuhr, woraufhin sich jedes rationale Denken verabschiedete und in Percy nur noch ein Wunsch aufflammte: helfen! Kurzerhand flüchtete er mit Harriet nach Schottland, wo die beiden im August 1811 heimlich heirateten. Dass er eigentlich kein Geld besaß, um eine Familie zu ernähren, kümmerte ihn wenig. Hauptsache, er hatte Harriet aus ihrer misslichen Lage erlöst.

Wandbild und Plakette Ecke Poland Street/Noel Street in London (England)
Das Wandbild zeigt Percy, der nach seinem Rauswurf aus der Universität Oxford in diesem Haus lebte. Die Inschrift auf der Plakette: „Der Poet lebte 1811 hier."

In diesem Zusammenhang sei noch eine weitere Rettungsaktion erwähnt, die uns erstmals auf die Spuren der berüchtigten Illuminaten führt. Als in Irland einige Aufstände gegen die englischen Unterdrücker ausbrachen, reisten Percy und Harriet nach Dublin, um die Iren zu unterstützen. „Ich hatte eine Leidenschaft, die Welt zu verbessern", schrieb Percy später in seinem Drama „Der entfesselte Prometheus". Deshalb verteilte er auf offener Straße Pamphlete, in denen er das Volk aufrief, sich nach dem Vorbild der Illuminaten in Geheimbünden zusammenzuschließen. Wir werden im 3. Teil ausführlich auf die Illuminaten eingehen, deshalb sei hier nur so viel verraten: Der französische Jesuit Abbé Augustin Barruel behauptete in seinem Buch „Denkwürdigkeiten zur Geschichte des Jakobinismus" (1797), es seien in Wirklichkeit die Illuminaten gewesen, die die Französische Revolution angezettelt hätten. Tief beeindruckt glaubte Percy, dieses Erfolgsrezept könne den Iren ebenfalls die Freiheit bringen: Zunächst die Regierung im Geheimen unterwandern, um sie anschließend zu stürzen! Die Idee faszinierte später auch Mary und beeinflusste ihre Arbeiten an „Frankenstein", während die Iren nichts damit anfangen konnten.

Am 23. Juni 1813 brachte Harriet eine Tochter zur Welt. Dieses scheinbar freudige Ereignis täuscht darüber hinweg, dass es mit der Ehe unaufhaltsam bergab ging. Harriet hatte sich das Leben mit dem Enkel eines Baronet anders vorgestellt. Da die Eltern ihnen finanziell nicht unter die Arme griffen, blieb Percy nur ein Ausweg: sich Geld zu leihen. Dies stellte kein Problem dar, denn als zukünftiger Alleinerbe eines reichen Großgrundbesitzers erschien Percy durchaus kreditwürdig, wenngleich die Gläubiger seine prekäre Lage schamlos ausnützten und Wucherzinsen verlangten. Dennoch wäre die Familie einigermaßen über die Runden gekommen, hätte Percy nicht am Helfersyndrom gelitten. Anstatt Harriet einen bescheidenen Wohlstand zu bieten, verschenkte er das geliehene Geld an jeden, der ihn um Hilfe bat. Frustriert überhäufte ihn seine Ehefrau mit „kleinlichen Zänkereien", wie er selbst schrieb. So verbrachte er seine Zeit lieber damit, Freunde zu besuchen. Zu ihnen gehörte auch William Godwin, dessen „Politische Gerechtigkeit" Percy hellauf begeistert hatte. Immer wieder kam er in die Skinner Street 41, wo Godwin jetzt wohnte, und lernte dabei im Juni 1814 auch dessen Tochter Mary kennen. Die Liebe muss die beiden wie Amors Pfeil getroffen haben.

Linke Seite:
Oliver-Cromwell-Statue vor dem Parlament in London (England)

Amor-Statue am Piccadilly-Circus in London (England)
Als sich Mary und Percy im Juni 1814 kennenlernten, traf sie die Liebe wie Amors Pfeil.

Flucht in die Schweiz

William Godwin konnte sein Glück kaum fassen, dass nun der Enkel eines Baronet zu seinen wenigen noch verbleibenden Bewunderern gehörte. Sofort pumpte er Percy um Geld an, der ihm auch großzügig eine beträchtliche Summe schenkte. Von da an war Percy ein häufiger und gern gesehener Gast. Godwin ahnte nicht im Entferntesten, dass nicht er selbst, sondern seine Tochter der Grund für die vielen Besuche war. Deshalb fiel er aus allen Wolken, als ihm Percy und Mary ihre Liebe gestanden. Seine 16-jährige Tochter will mit dem 21-jährigen, verheirateten Percy, Vater eines einjährigen Mädchens, zusammenziehen? Ein Skandal! Godwin, der in seinen Büchern die große Freiheit propagierte, entpuppte sich im wirklichen Leben als kleinlicher Spießer und verbot kurzerhand jeden weiteren Kontakt zwischen den beiden. Doch er hatte die Rechnung ohne Percy gemacht, der schon früher mit Harriet nach Schottland geflüchtet war und somit einige Erfahrung im Durchbrennen mit 16-jährigen Mädchen besaß. Prompt schlug er Mary ebenfalls eine Flucht vor. Was für ein romantisches Abenteuer! Nach kurzem Zögern stimmte Mary begeistert zu. Gemeinsam heckten sie den Plan aus, in die Schweiz zu fliehen. Die Wahl der Schweiz als Ziel ihrer Reise war kein Zufall. Wie schon eingangs erwähnt, herrschten in allen europäischen Ländern Monarchien, außer in der Schweiz. Deshalb hatte bereits Marys Mutter mit dem Gedanken gespielt, dorthin auszuwandern. Mit ihrer Demokratie erschien die Schweiz als gelobtes Land.

Dummerweise gelang es nicht, den Fluchtplan geheim zu halten. Mary platzte beinahe, das Geheimnis musste einfach aus ihr heraus, und so verriet sie alles ihrer Stiefschwester Claire, die sie daraufhin anflehte, sie mitzunehmen – was sich als verhängnisvoller Fehler erweisen sollte. Die nächsten acht Jahre hing Claire wie eine Klette an den beiden.

Schließlich rückte der Tag X heran. Am 28. Juli 1814 schlichen die drei nachts um vier Uhr zu einer Kutsche, die sie nach Dover brachte, wo sie ein kleines Schiff bestiegen, das bei der Überfahrt beinahe kenterte. Schwer seekrank, aber glücklich erreichten Mary und die beiden anderen schließlich doch Calais.

Als Godwin das Verschwinden seiner Tochter bemerkte, schäumte er vor Wut. In einem Brief an einen Freund beklagte er sich bitterlich darüber, wie schändlich er hinters Licht geführt worden war. „Am Sonntag, den 26. Juni, begleitete er [Percy] Mary und ihre Schwester Jane [Claire] Clairmont zum Grab von Marys Mutter, eine Meile von London entfernt; und dort, so scheint es, überkam ihn das erste Mal die ruchlose Idee, sie zu verführen, mich zu hintergehen und seine Frau zu verlassen. Am Mittwoch, den 6. Juli, ... hatte er die wahnsinnige Eingebung, mir seine Pläne zu offenbaren und meine Zustimmung zu erbitten. Ich protestierte mit aller Kraft, so gut ich nur konnte. ... Sie haben mich beide verraten." Tatsächlich sollte es über zwei Jahre dauern, ehe sich der schmollende Vater bereit erklärte, Mary und Percy wieder zu treffen und sich mit ihnen auszusöhnen.

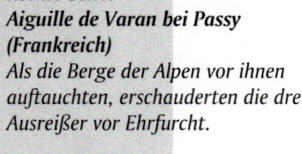

Rechte Seite:
Aiguille de Varan bei Passy (Frankreich)
Als die Berge der Alpen vor ihnen auftauchten, erschauderten die drei Ausreißer vor Ehrfurcht.

Claire Clairmont
Die Stiefschwester Claire hing acht Jahre lang wie eine unliebsame Klette an Mary und Percy.

Les Drus bei Montenvers oberhalb von Chamonix (Frankreich)
Die ungeheure Größe der Berge überwältigt die Vorstellungskraft, schrieb Mary später.

Derweilen machten sich die drei Ausreißer auf den Weg zu ihrem ersten Etappenziel: Paris. Über die gesamte Reise wissen wir recht gut Bescheid, weil drei Aufzeichnungen existieren: Ein Tagebuch, das Mary und Percy gemeinsam führten, das Tagebuch von Claire und schließlich Marys erstes Buch „Flucht aus England" („History of a Six Weeks' Tour"), das sie 1817 veröffentlichte. Darin schildert sie eine Reihe amüsanter Anekdoten, während die Tagebücher eher die Strapazen in den Vordergrund rückten. Als die drei im Juli 1814 nach Frankreich kamen, herrschte völliges Chaos. Noch wenige Monate zuvor hatte Napoleon gegen die vorrückenden deutschen, österreichischen und russischen Truppen gekämpft, ehe er seine Niederlage eingestehen musste und am 12. April 1814 abdankte. Jetzt, im Sommer, zogen noch immer ehemalige Soldaten umher, und Plünderungen und Gewalt standen auf der Tagesordnung.

Zum Glück erreichten die drei am 2. August wohlbehalten Paris, wo die erste Panne passierte. Percy, der verträumte Idealist, kümmerte sich nicht um so banale Dinge wie Geld – bis es ihm ausging. Eine Woche lang saßen sie in einem Hotel fest, während sich Percy um eine Überweisung aus London bemühte, die schließlich auch eintraf. Nun beschlossen sie, zu Fuß durch Frankreich zu trampen. Percy kaufte ein Maultier, das ihr Gepäck tragen sollte. Doch schon ein paar Tage später verletzte sich Percy so stark am Knöchel, dass er nicht mehr gehen konnte und nun immer auf dem Maultier ritt. Mary und Claire trotteten bei brütender Hitze erschöpft auf den endlos langen, staubigen Straßen hinterher, während die Sonne

Blick vom Pilatus auf den Vierwaldstätter See (Schweiz)
Der Vierwaldstätter See bildete den Höhepunkt der Reise. Hier ging Mary, Percy und Claire das Geld aus.

schadenfroh herablachte. Die drei kamen in zerstörte Dörfer und übernachteten in Gasthäusern, die vor Dreck nur so starrten. Schließlich verkauften sie das Maultier und erwarben eine kleine, offene Kutsche. Leider bemerkten sie zu spät, was für ein griesgrämiger Kauz ihr Kutscher war. Als sie einmal rasteten, machte er sich einfach aus dem Staub. Unter großen Schmerzen humpelte Percy, gestützt von Mary und Claire, ins nächste Dorf, wo der Kutscher eine Nachricht hinterlassen hatte: Er würde in einem Gasthof, sechs Meilen entfernt, auf sie warten, doch sollten sie nicht bis Einbruch der Dunkelheit eintreffen, würde er in sein Heimatdorf zurückkehren. Mit Müh und Not erwischten sie ihn noch.

Am 19. August erreichten sie die Schweiz, wo sie erstmals die Berge der Alpen sahen. „Ihre ungeheure Größe überwältigt die Vorstellungskraft, und sie übersteigen jedes Fassungsvermögen so weit, dass es einiger Anstrengung des Verstandes bedarf, um glauben zu können, dass sie wirklich Teil dieser Welt sind", notierte Mary entzückt. Am 23. August kamen sie an den Vierwaldstätter See, den Höhepunkt ihrer Reise. Voll Staunen bewunderten sie die einzigartige Bergwelt. Interessant für die spätere Geschichte von Frankenstein ist aber ein eher beiläufiger Tagebucheintrag: „Wir lesen ein Stück aus Abbé Barruels ‚Geschichte des Jakobinismus'" In diesem Buch erklärt Barruel, die Illuminaten seien die Anstifter der Französischen Revolution gewesen. Marys Tagebucheintrag beweist somit, dass sie dieses Werk über die Illuminaten kannte.

Während die drei einige herrliche Tage am See genossen, merkten sie, dass ihr Geld wie Schnee in

Die „echte" Burg Frankenstein bei Mühltal, nahe Darmstadt (Deutschland)
Mary, Percy und Claire fuhren mit einem Postschiff den Rhein hinab, wobei sie in die Nähe der Burg Frankenstein kamen.

der Märzensonne dahinschmolz. Sie besaßen noch exakt 28 Pfund, was bedeutete: Sie mussten so schnell und so billig wie möglich nach London zurückkehren. Vielleicht sollte es sich als Glücksfall erweisen, denn möglicherweise wäre Mary sonst nie auf den Namen Frankenstein gestoßen. Die billigste Rückfahrt war nämlich eine Reise mit dem Postschiff den Rhein hinunter, und diese Route führte an der Burg Frankenstein bei Darmstadt vorbei. Am Abend des 2. Septembers legte das Schiff bei Gernsheim an, rund 15 Kilometer von der Burg Frankenstein entfernt, doch schon drei Stunden später segelte es weiter. Bis heute streiten Forscher darüber, ob Mary und Percy die Burg besucht oder zumindest gesehen haben. Wir werden im 2. Teil näher auf die hitzigen Diskussionen zu diesem Thema eingehen, hier sei nur angemerkt, dass Mary die Burg Frankenstein weder in ihrem Tagebuch noch in ihrem Reisebericht erwähnt.

Anschließend fuhr das Schiff durch den Rheindurchbruch zwischen Bingen und Koblenz. Die steilen Felsen und malerischen Burgen begeisterten Mary so sehr, dass sie später Viktor Frankenstein auf dieselbe Reise schickte. Gleichzeitig ließ Mary allerdings kein gutes Haar an den Mitreisenden. Manche Passagiere bezeichnete sie sogar als „dreckige Tiere", worauf eine entscheidende Bemerkung folgte: „Für Gott wär's einfacher, den Menschen neu zu erschaffen, als diese Monster sauber zu bekommen." (Tagebucheintrag vom 28. August 1814) Hier finden wir den ersten schriftlichen Hinweis auf das Thema „Menschen erschaffen". Zwei Jahre später wird Mary diesen Gedanken kräftig ausbauen.

Loreley-Statue (oben) auf der Spitze des Loreley-Felsens (links) bei St. Goarshausen (Deutschland)
Der Sage nach saß die Nixe Loreley auf einem Felsen und sang so lieblich, dass die Schiffer nicht mehr auf die Riffe achteten und mit Mann und Maus jämmerlich ertranken.

Oben links:
Burg Rheinstein bei Trechtingshausen (Deutschland)
Sagenumwobene Burgen zogen an ihnen vorbei und beeindruckten die Reisenden damals wie heute.

Vom Vater verstoßen

Am 13. September betraten die drei wieder englischen Boden. Zurück in London, stand Percy vor dem endgültigen Ruin. Seine Frau Harriet hatte alle Bankkonten geplündert, was man ihr nicht verübeln kann, wenn man bedenkt, dass ihr Ehemann unterdessen eine „Vergnügungsreise" mit seiner Geliebten gemacht hatte. Percy bekam keine Kredite mehr, sodass ihm nichts anderes übrig blieb, als Harriet um ein paar Almosen anzuflehen. Tatsächlich half sie ihm aus der Patsche, worauf sich Percy, Mary und Claire wenigstens ein Hotelzimmer nehmen konnten. William Godwin dagegen weigerte sich standhaft, die drei zu empfangen, geschweige denn, sie in seinem Haus übernachten zu lassen. Stattdessen schickte er Claires Bruder los, um von Percy weitere Geldsummen zu fordern. Dieses sonderbare Verhalten stürzte Mary in eine tiefe Krise. In ihrer Kindheit hatte sie zwar die väterliche Zärtlichkeit vermisst, aber sie empfand Godwin trotzdem immer als guten Vater, weil er sie stets unterrichtet und viel Zeit mit ihr verbracht hatte. Deshalb blieb der radikale Bruch ein völliges Rätsel. Warum wies ihr Vater sie jetzt zurück? Später sollte Frankensteins Geschöpf unter derselben Zurückweisung leiden. Mary löste das Gefühls-Wirrwarr, indem sie sich einredete, ihre Stiefmutter sei schuld. Ja, so musste es sein! Wahrscheinlich wollte ihr Vater sie sehr wohl sehen, aber die verhasste Stiefmutter verhinderte ein Treffen und trieb einen Keil zwischen die beiden. Diesen Gedanken schrieb Mary in einem Brief vom 28. Oktober 1814 nieder, doch Beweise gibt es dafür nicht.

Seite 28/29:
Burg Schönburg bei Oberwesel (Deutschland)
Die auf steilen Felsen thronenden Burgen begeisterten die junge Mary Shelley.

Nach ein paar Tagen fanden Percy, Mary und Claire eine Wohnung, mussten aber bereits Ende September wieder flüchten und in ein neues Quartier umziehen, weil die Gläubiger die Adresse entdeckt hatten. Für Percy ging es um Kopf und Kragen, denn seine Gläubiger rückten mit einem Gerichtsvollzieher heran, der ihn verhaftet hätte. In den nächsten zwei Monaten musste er untertauchen; er und Mary konnten sich nur ab und zu heimlich in Kaffeehäusern oder etwa der St Paul's Cathedral treffen. In dieser Zeit schrieb sie ihm viele Liebesbriefe, die beweisen, dass diese schweren Wochen der Trennung ihre Liebe nur stärker machten.

Im November normalisierte sich die Lage. Percy schaffte es irgendwie, neues Geld aufzutreiben und die Gefahr einer Verhaftung abzuwenden. So bezogen die drei eine neue Wohnung. An dieser Stelle sei angemerkt, dass Mary Zeit ihres Lebens allein in London in 25 verschiedenen Wohnungen lebte, man kann die Belastung dieser Hungerjahre mit ewiger Geldnot und ständigen Umzügen gut nachempfinden. Zu allem Überfluss stellte sich heraus, dass Mary schwanger war. In den nächsten Monaten blieb sie deshalb zwangsläufig mehr zuhause, während Percy – stets von unbändigem Tatendrang getrieben – nun mit Claire allein loszog. Deshalb halten sich bis heute hartnäckige Gerüchte, er habe eine Affäre mit Claire gehabt. Dafür fehlt aber jeglicher Beweis. Im Gegenteil: Aus den Briefen geht immer wieder hervor, dass er Claire als drittes Rad am Wagen empfand und lieber mit Mary allein zusammengelebt hätte, was er jedoch nie offen auszusprechen wagte. Claire machte es den beiden auch nicht leicht. Heute würde man sie als labile Persönlichkeit mit einem Hang zur Hysterie bezeichnen, früher nannte man sie einfach überkandidelt. Wenn Percy zu später Stunde Gespenstergeschichten erzählte (was er gerne tat), fühlte sich Claire von bösen Geistern verfolgt und bekam hysterische Schreianfälle. Nur Mary konnte sie wieder beruhigen. So lebten die drei weiter in ihrer skandalösen Beziehung, die im konservativen England für verächtliches Naserümpfen sorgte: Percy, verheirateter Familienvater, pflegte ein außereheliches Verhältnis mit zwei minderjährigen Mädchen (so schien es jedenfalls nach außen hin, denn die drei lebten ja auf engstem Raum zusammen), von denen eines bereits schwanger war. Die Empörung kannte keine Grenzen! Sogar enge Freunde wandten sich von Mary ab, die kaum noch ausgehen konnte und deshalb einsam, isoliert und gesellschaftlich geächtet auf den Tag der Entbindung wartete. Später wird Frankensteins Geschöpf unter derselben Isolation leiden.

Am 5. Januar 1815 starb der Großvater von Percy. Obwohl sein Vater den Großteil des Vermögens erbte, bekam auch Percy ein Stück vom Kuchen ab, nämlich eine Jahresrente von 1000 Pfund, womit sich die finanzielle Lage entspannte. Doch das Glück sollte nur von kurzer Dauer sein. Am 22. Februar brachte Mary ihre Tochter Clara zur Welt – eine Frühgeburt. Als Percy mit seinem hauchdünnen Nervenkostüm das blutverschmierte Baby sah, rannte er schreiend aus dem Zimmer. Genauso wird Viktor Frankenstein reagieren, wenn seine Kreatur die ersten Lebenszeichen von sich gibt.

Mary kümmerte sich aufopfernd um ihre Tochter. Trotzdem starb die Kleine nach nur zwei Wochen am 6. März, was Mary in eine tiefe Verzweiflung stürzte. Bald darauf quälte sie ein schrecklicher Alptraum: „Träume, mein Baby würde wieder lebendig werden – dass es ihm nur kalt gewesen sei und dass wir es am Feuer rieben und es lebte – ich erwache und finde das Baby nicht." (Tagebucheintrag vom 19. März 1815) Fast auf den Tag genau 15 Monate später sollte Mary abermals von einem ähnlichen Traum heimgesucht werden, bei dem ein Toter zum Leben erwacht, diesmal durch Frankensteins Künste: „Ich sah – mit geschlossenen Augen, aber scharfem, geistigen Blick – ich sah

St Paul's Cathedral in London (England)
Da Percy von seinen Gläubigern verfolgt wurde, konnte er Mary nur heimlich in der St Paul's Cathedral treffen.

31

Marchmont Street 87 in London (England)
In London lebte Mary in 25 verschiedenen Wohnungen, unter anderem hier in der Marchmont Street 87.

Plakette in der Marchmont Street 87 in London (England)
Inschrift: „Percy Bysshe Shelley, Dichter und radikaler Denker, und Mary Shelley, Autorin von Frankenstein, lebten in diesem Haus 1815–16."

Rechte Seite:
Westminster Abbey in London (England)

den bleichen Schüler unheiliger Künste neben dem Ding knien, das er zusammengesetzt hatte. Ich sah das bösartige Phantom eines hingestreckten Mannes und dann, wie sich durch das Werk einer mächtigen Maschine Lebenszeichen zeigten und er sich mit schwerfälligen, halblebendigen Bewegungen rührte." (Vorwort zur 3. Auflage von „Frankenstein")

1815 zogen Mary, Percy und Claire abermals um, diesmal in die Marchmont Street 87, wo heute eine Plakette auf die berühmten Bewohner hinweist. Am 24. Januar 1816 wurde dort Marys zweites Kind geboren, ihr Sohn William. Im März hatte Claire offenbar ihre Rolle als drittes Rad am Wagen satt und beschloss, sich nun selbst einen Liebhaber zu suchen. Ihre etwas unbescheidene Wahl fiel auf Lord Byron (1788–1824), den wohl berühmtesten englischen Dichter jener Zeit. Die überdrehte Claire bombardierte ihn zunächst mit heißen Liebesbriefen, in denen sie sich als Schauspielerin und Schriftstellerin ausgab – ohne Erfolg. Schließlich arrangierte sie ein Rendezvous in einem Gasthof und siehe da: Der verheiratete Byron konnte dem hübschen Mädchen nicht widerstehen und begann eine Affäre. Für ihn bedeutete der Seitensprung nie etwas Ernstes, aber Claire stellte bald darauf fest, dass sie schwanger war. Später schrieb sie, dass ihr die Beziehung mit Byron ein paar Minuten Vergnügen und ein Leben lang Kummer gebracht habe. Byron scherte sich nämlich nicht weiter um sie. Er hatte gerade einen Gesellschaftsskandal ersten Ranges ausgelöst, als er sich von seiner Frau trennte und eine frühere inzestuöse Beziehung mit seiner Halbschwester Augusta publik wurde. Um dem ganzen Klatsch und Tratsch zu entgehen, verließ er England am 25. April 1816 und flüchtete zusammen mit dem Arzt Dr. John Polidori in die Schweiz.

Zur selben Zeit planten Mary und Percy eine Reise nach Italien, weil der englische Dauerregen an Percys Gesundheit zehrte. Claire überredete die beiden jedoch, ihre Pläne zu ändern und Lord Byron nachzufahren, denn er hatte ihr seine künftige Postanschrift hinterlassen. So machten sich Mary, ihr Sohn William, Percy und Claire am 2. Mai 1816 auf den Weg nach Genf, wo schon bald die Geburtsstunde von „Frankenstein" schlagen sollte.

Rechts:
Gedenktafel in der Rue de Lausanne 118, Genf (Schweiz)
Diese Tafel verweist auf die berühmten Gäste des ehemaligen Hôtel D'Angleterre.

Rechte Seite oben:
Blick von der Cathédrale Saint-Pierre auf Genf (Schweiz)
Claire heftete sich an die Fersen von Lord Byron, der sich in Genf niedergelassen hatte.

Rechte Seite unten:
Blick vom Mont Salève auf Genf und den Genfersee (Schweiz)
Mary baute die einmalige Landschaft um den Genfersee in ihren Roman „Frankenstein" ein.

Haus in der Rue de Lausanne 118, Genf (Schweiz)
Dieses Nebengebäude des ehemaligen Hôtel D'Angleterre steht noch heute und erinnert an die Zeit, als Mary und Percy hier residierten.

Der Sommer in Genf

Am 13. Mai traf die kleine Reisegruppe in Sécheron ein, damals ein Vorort von Genf, der außerhalb der Stadtmauer lag. Hier lernte Mary die Schweizer Pünktlichkeit und Ordnungsliebe kennen: „Die Stadt ist von einer Mauer umgeben, mit drei Toren, die genau um zehn Uhr geschlossen werden, ohne dass sie Bestechungsgelder wieder öffnen können (wie in Frankreich)." (Brief vom Juni 1816) Heute ist die Stadtmauer verschwunden, und Sécheron gehört zur Stadt Genf. Percy nahm die billigsten Zimmer im Hôtel D'Angleterre, das am Nordufer des Genfersees stand. Heute erstreckt sich an dieser Stelle der Park „Mon Repos". Das Hotel wurde 1845 abgerissen und rund 500 Meter stadteinwärts, am Quai du Mont-Blanc 17, neu aufgebaut. Im Park „Mon Repos" stehen allerdings noch einige Nebengebäude aus der damaligen Zeit. An einem dieser Häuser am Rande des Parks, in der Rue de Lausanne 118, hängt heute eine Gedenktafel zu Ehren der vielen berühmten Gäste des ehemaligen Hôtel D'Angleterre, wozu auch Byron und Shelley gehörten.

Am 25. Mai kamen Lord Byron und Dr. Polidori, die einen Umweg über Belgien und Deutschland gemacht hatten, in Sécheron an und bezogen ihr Quartier im selben Hotel. Auf den ersten Blick möchte man meinen, Byron habe vorsichtshalber seinen Leibarzt mit auf die Reise genommen. Dies ist aber nur die halbe Wahrheit. Polidoris große Leidenschaft galt nämlich nicht der Medizin, sondern der Schriftstellerei. Er träumte davon, in Byrons Fußstapfen zu treten. Deshalb nahm er überglücklich ein Angebot an, das ihm Byrons Verleger John Murray unterbreitet hatte: Für die stolze Summe von 500 Pfund sollte er Byrons Reiseabenteuer in einem druckreifen Tagebuch fest-

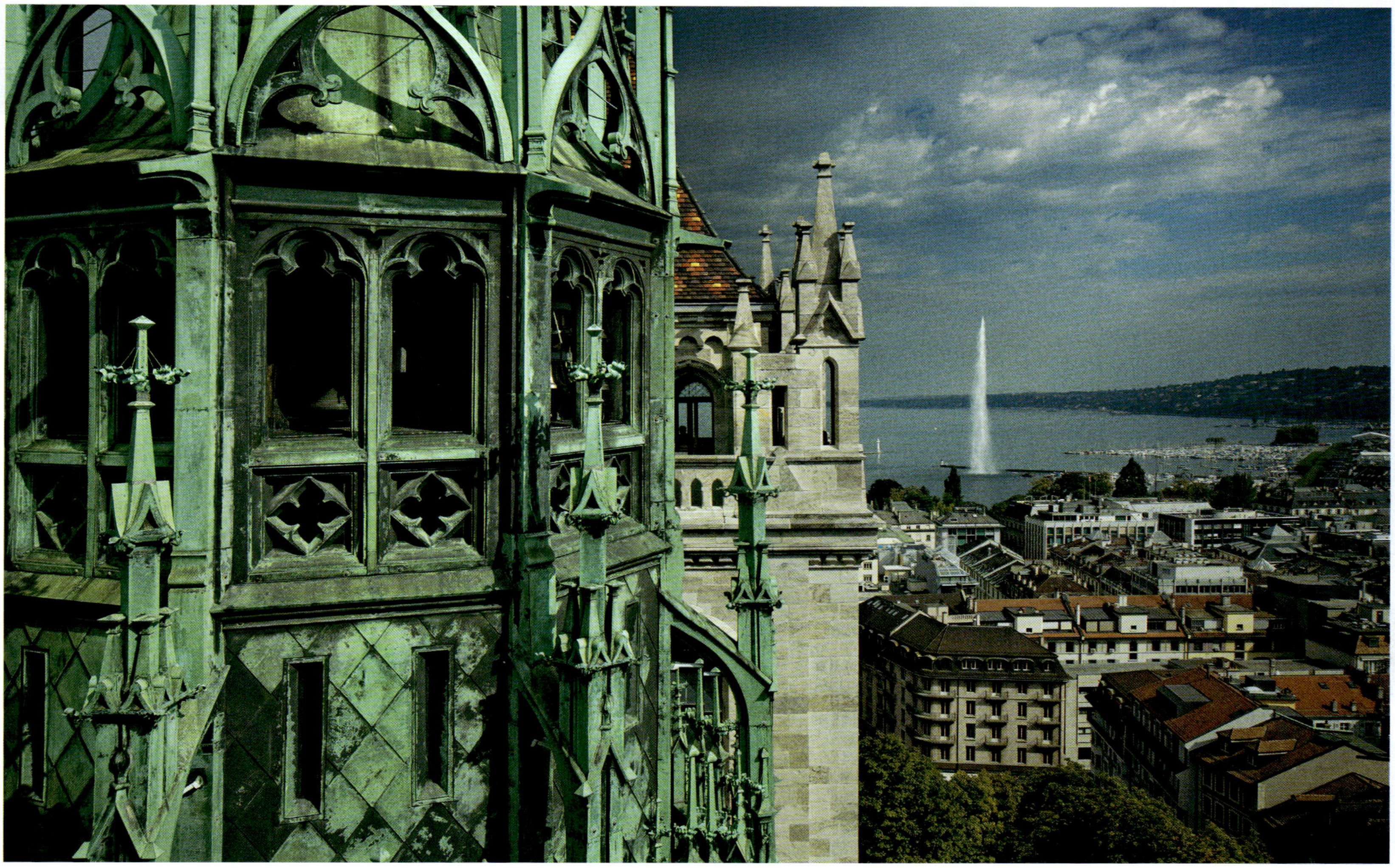

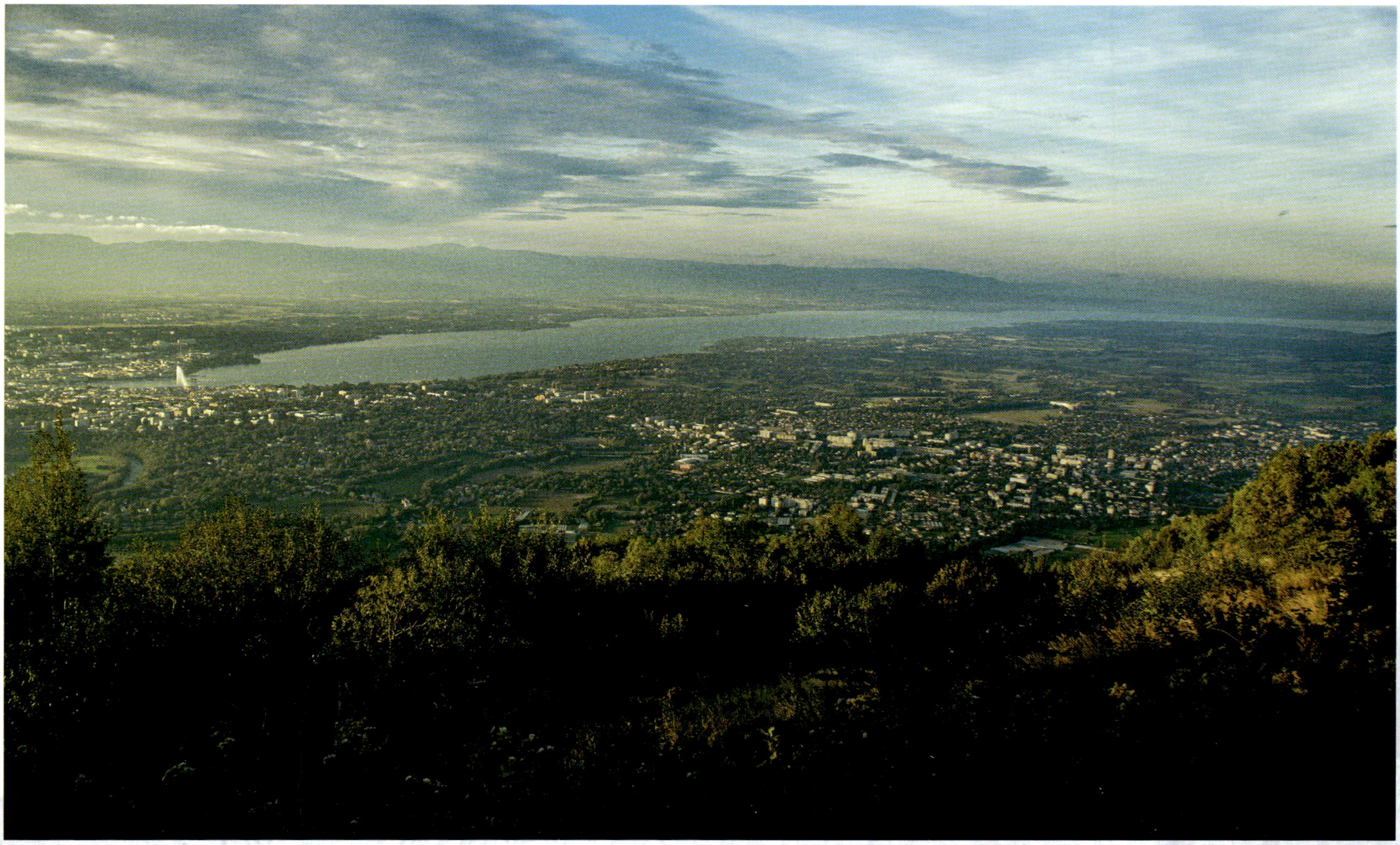

Lord Byron

Plakette in der Holles Street 16 in London (England)
Inschrift: „Lord Byron, weithin als einer der größten britischen Dichter angesehen, wurde hier geboren. 22. Januar 1788. ‚Lache immer, wenn du kannst. Es ist eine billige Medizin.'"

John Polidori

Plakette in der Great Pulteney Street 38 in London (England)
Inschrift: „John William Polidori, Dichter und Romanschriftsteller, Autor von ‚Der Vampyr', wurde hier geboren und starb hier."

halten (zum Vergleich: Mary bekam für die 1. Auflage von „Frankenstein" ein Honorar von 28 Pfund). Byron, ein eitler Geck, der sich im Ruhm seines Bestsellers „Childe Harold" sonnte, stimmte dem Plan seines Verlegers zu, ohne dass er Polidori vor der Abreise jemals kennengelernt hatte. Ein schwerer Fehler, wie sich nun herausstellte! Tatsächlich konnten sich die beiden auf den Tod nicht ausstehen. Spöttisch nannte Byron seinen Begleiter bald nur noch Polly-Dolly. Später schrieb er: „Ich war niemals von irgendeinem menschlichen Wesen mehr angeekelt als von diesem jungen Mann mit seinem ewigen Nonsens, seiner Streitsüchtigkeit, Hohlheit, Übellaunigkeit und Eitelkeit." (Brief vom 17. Juni 1817) Im September sollte Byron seinen unfähigen Möchtegern-Schriftsteller feuern, denn Polidori brachte nichts Geistreiches zu Papier und hörte am 5. Juli komplett auf, Notizen zu machen. Sein Tagebuch ist jedoch erhalten geblieben und stellt eine wichtige Quelle dar, um die Ereignisse vom Mai und Juni 1816 zu rekonstruieren.

Byron staunte nicht schlecht, als plötzlich Claire vor ihm stand und wusste nicht, ob er sich freuen sollte. Als ihm Claire von ihrer Schwangerschaft erzählte, erwiderte er trocken: „Ist der Balg von mir?" Trotzdem nahm er Claire gnädigerweise wieder als Geliebte in seine Dienste auf. Ungetrübte Freude bereitete ihm dagegen das Zusammentreffen mit Percy, der zu den großen Bewunderern Byrons gehörte. Umgekehrt hatte Byron ebenfalls schon von dem jungen, aber noch ziemlich unbekannten Dichter gehört, doch erst jetzt lernten sich die beiden persönlich kennen und waren sofort ein Herz und eine Seele. Beide schätzten Diskussionen mit gebildeten, belesenen Leuten, und hier hatten sich die zwei richtigen gefunden. Außerdem besaßen sie denselben schrägen Humor: Um den pedantischen Schweizer Hotelwirt zu ärgern, schrieb Byron einmal „Alter: 100" ins Gästebuch, Percy dagegen „Beruf: Atheist". Byrons Verhältnis zu Mary blieb dagegen distanziert. Mit intelligenten und emanzipierten Frauen konnte er wenig anfangen. Er gestattete Mary zwar, seine hingekritzelten Texte in Reinschrift zu übertragen, doch bei den Gesprächen mit Percy wünschte er keine Einmischung!

Byron plante, sich für ein halbes Jahr in Genf niederzulassen und mietete deshalb die Villa Diodati, die noch heute auf einer leichten Anhöhe in Cologny steht, einem Vorort von Genf. Neben der Villa befindet sich eine Grünfläche, die man heute „Byronwiese" nennt. Am oberen Ende liegt ein wuchtiger Stein, in dem Byrons Name eingraviert ist.

Mary und Percy beschlossen daraufhin, sich ebenfalls eine neue Bleibe in Byrons Nähe zu suchen. Zum Glück gab es nur 10 Gehminuten von der Villa Diodati entfernt das Maison Chappuis, eine weitläufige Anlage mit mehreren kleinen Häuschen. Eines davon mietete Percy für sich, Mary, Claire, seinen Sohn William und dessen Schweizer Kindermädchen, das er eingestellt hatte. Leider wurde dieses Haus 1883 abgerissen. Von allen Gebäuden aus der damaligen Zeit steht heute

Rechte Seite:
Villa Diodati (Privatbesitz) in Cologny bei Genf (Schweiz)
In einer schicksalhaften Nacht entstand hier die Idee, dass jeder eine Geistergeschichte zu Papier bringe.

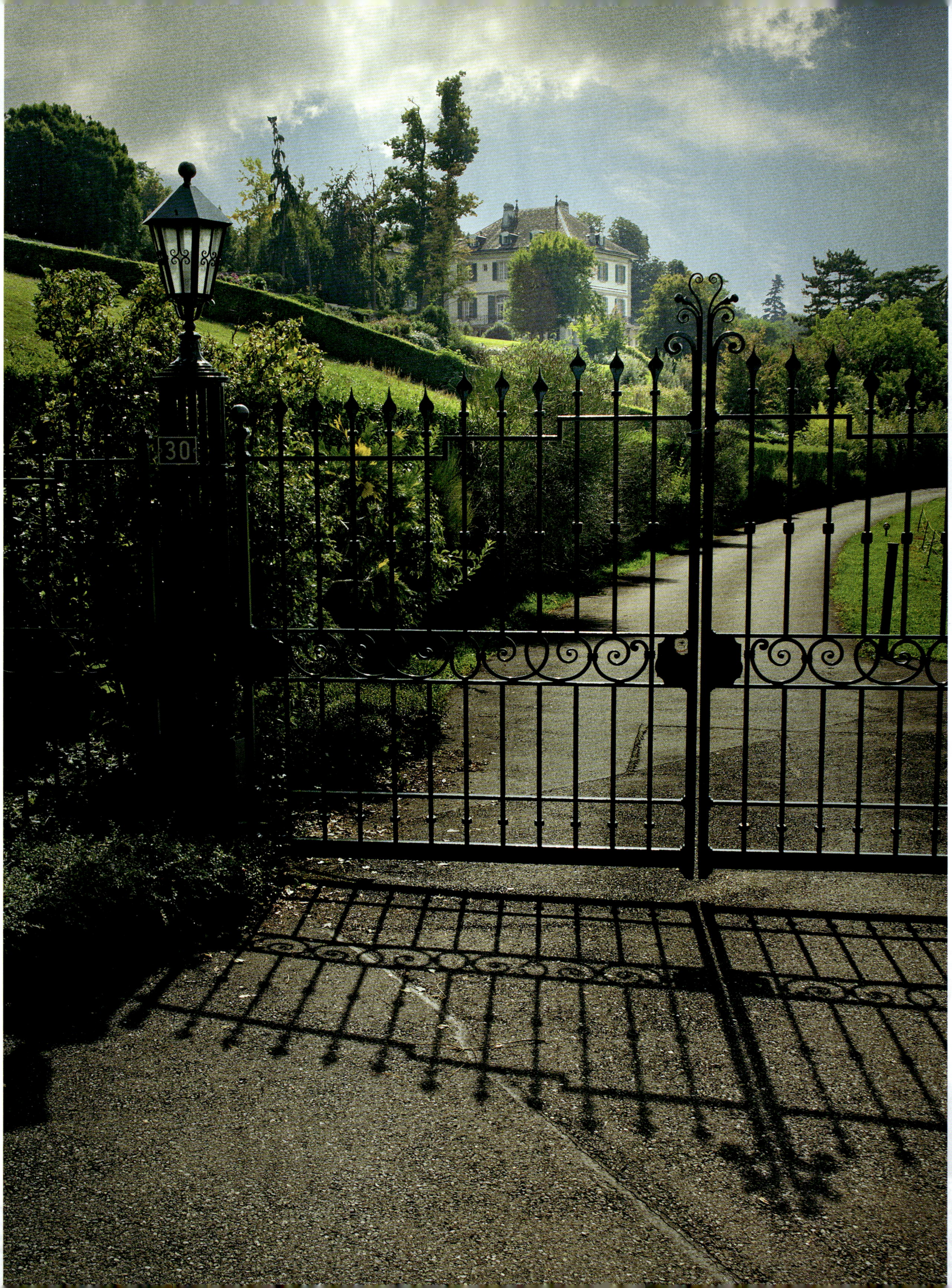
30

Tafel auf der Byronwiese bei der Villa Diodati in Cologny (Schweiz)
Diese Tafel schildert die Geburtsstunde von „Frankenstein" im Juni 1816.

Straßenschild „Byron-Weg" in Cologny (Schweiz)
Noch heute sind die Genfer stolz auf Byrons Aufenthalt und haben einen Weg nach ihm benannt.

Gedenkstein neben der Byronwiese in Cologny (Schweiz)
Vom gegenüberliegenden Seeufer aus beobachteten Hotelgäste mit Fernrohren das Treiben in der Villa Diodati.

nur noch der ehemalige Stall am Quai de Cologny 54, der inzwischen zwar zu einem Wohnhaus umgebaut ist, aber trotzdem noch die bescheidenen Verhältnisse des einstigen Shelley-Quartiers im Vergleich zur prunkvollen Villa Diodati erahnen lässt.

Percy, Mary und Claire spazierten fast täglich durch die Weingärten vom Maison Chappuis zur Villa Diodati hinauf, was die Gerüchteküche ordentlich brodeln ließ. Immerhin genossen sowohl Lord Byron als auch Percy Shelley einen mehr als zweifelhaften Ruf. Was spielte sich da wohl alles in der Villa Diodati ab? Diese Frage beschäftigte die Gäste des Hôtel D'Angleterre, das genau auf der gegenüberliegenden Seite des Genfersees lag und hauptsächlich englische Touristen beherbergte, die Byrons und Shelleys ruchloses Leben kannten und sich nun brennend für allfällige Sexorgien interessierten. Wenn Leintücher zum Trocknen auf der Leine hingen, ging sofort das Gerücht um, es sei Damenunterwäsche. Geschäftstüchtig wie die Schweizer nun mal sind, vermietete der Wirt Fernrohre an seine Gäste, damit sie das bunte Treiben in der Villa beobachten und sich darüber empören konnten.

Tatsächlich geschahen in der Villa Diodati unheimliche Dinge. Wegen des miesen Wetters konnten die fünf kaum Ausflüge machen. 1816 galt nämlich als „Jahr ohne Sommer". Im Jahr davor war in Indonesien der Vulkan Tambora ausgebrochen und hatte mit seiner Asche den Himmel verdunkelt. Jetzt breiteten sich diese unheilvollen Wolken über die ganze Welt aus und sorgten auch in der Schweiz für reichlich Nässe und Kälte. So saßen die fünf die meiste Zeit zuhause

Ehemaliger Stall (Privatbesitz) am Quai de Cologny 54 in Cologny (Schweiz)
So ähnlich sah das Haus beim „Maison Chappuis" aus, in dem sich Mary und Percy einquartiert hatten. Aus der damaligen Zeit steht nur noch dieses Gebäude.

fest und lasen sich Geistergeschichten vor. Mary beschreibt diese Situation 15 Jahre später ausführlich im Vorwort zur 3. Auflage von „Frankenstein". Lassen wir sie am besten selbst zu Wort kommen:

„Im Sommer des Jahres 1816 besuchten wir die Schweiz und wurden Nachbarn Lord Byrons. Zu Beginn verbrachten wir vergnügliche Stunden auf dem See, oder wir wanderten an seinen Ufern entlang; und Lord Byron, der am dritten Gesang von ‚Childe Harold' schrieb, war der einzige unter uns, der seine Gedanken zu Papier brachte. … Doch der Sommer erwies sich als unfreundlich, und wegen des unablässigen Regens mussten wir oft tagelang zu Hause bleiben. Einige Bände mit Gespenstergeschichten, die aus dem Deutschen ins Französische übersetzt waren, fielen uns in die Hände."

Nun fasst Mary einige dieser Geschichten zusammen, ehe sie auf die dramatische Nacht vom 16. auf den 17. Juni eingeht: „Jeder von uns wird eine Gespenstergeschichte schreiben', sagte Lord Byron; und seinem Vorschlag wurde zugestimmt. Wir waren vier. Der edle Dichter begann eine Erzählung, deren Fragment er am Ende seines Gedichtes ‚Mazeppa' abdrucken ließ. … Ich beschäftigte mich damit, mir eine Geschichte auszudenken – eine Geschichte, die jene übertreffen sollte, die uns auf die Idee dieser Aufgabe gebracht hatten. Sie sollte die mysteriösen Ängste unserer Natur ansprechen und schauererregendes Grauen erwecken – der Leser sollte es nicht mehr wagen, sich umzusehen, das Blut sollte in seinen Adern erstarren und sein Herzschlag sollte sich beschleunigen. Wenn ich diese Wirkung nicht erreichen könnte, dann wäre meine Gespenstergeschichte ihres Namens nicht würdig. Ich überlegte und grübelte – vergebens. Ich fühlte mich einfach nicht in der Lage, etwas zu erfinden, und das bedeutet für einen Autor das größtmögliche Elend; jenes öde Nichts, das unseren bangen Beschwörungen antwortet. ‚Hast du dir eine Geschichte ausgedacht?', wurde ich jeden Morgen gefragt, und jeden Morgen musste ich mit einem sterbenselenden ‚Nein' antworten."

Hierauf folgen einige Gedanken zum künstlerischen Schaffensprozess, bevor Mary zum spannendsten Teil kommt: „Die Gespräche zwischen Shelley und Byron, bei denen ich eine hingebungsvolle, aber beinahe völlig stille Zuhörerin gewesen bin, waren zahlreich und dauerten lange. Während eines solchen Gespräches wurden verschiedene philosophische Lehrmeinungen diskutiert, unter anderem auch die Natur der Grundlage des Lebens und ob es wahrscheinlich wäre, dass sie jemals entdeckt und vermittelt werden könne. Sie sprachen über die Experimente des Dr. Darwin [gemeint ist Erasmus Darwin, der Großvater von Charles Darwin], ... der einen Wurm in ein Glasgefäß steckte, bis er sich durch irgendwelche außergewöhnliche Mittel selbständig zu bewegen begann. Vielleicht könnte man eine Leiche wiederbeleben; galvanische Experimente hatten für solche Dinge den Beweis geliefert. Vielleicht könnte man einzelne Teile einer Kreatur herstellen, zusammensetzen und mit Lebenswärme versorgen.

Die Nacht verflog über diesem Gespräch und sogar die Geisterstunde war bereits vergangen, als wir uns zum Schlafen zurückzogen. Als ich mein Haupt auf mein Kissen sinken ließ, schlief ich nicht, und man konnte auch nicht von mir sagen, dass ich nachdachte. Meine Vorstellungskraft ergriff ungebeten von mir Besitz, führte mich und schenkte den aufeinanderfolgenden Bildern, die in meinem Geist aufstiegen, eine Lebendigkeit, die weit jenseits der üblichen Grenzen des Traumes lag. Ich sah – mit geschlossenen Augen, aber scharfem geistigen Blick – ich sah den bleichen Schüler unheiliger Künste neben dem Ding knien, das er zusammengesetzt hatte. Ich sah das bösartige Phantom eines hingestreckten Mannes und dann, wie sich durch das Werk einer mächtigen Maschine Lebenszeichen zeigten und er sich mit schwerfälligen, halblebendigen Bewegungen rührte. Entsetzlich muss es sein; denn die Auswirkungen jedes menschlichen Strebens, den gewaltigen Mechanismus des Weltenschöpfers zu verhöhnen, sind zwangsläufig ungeheuer entsetzlich. Sein Erfolg sollte dem Künstler Angst einjagen; ... Er schläft; doch er wird geweckt; er öffnet die Augen; sieht das grässliche Ding neben seinem Bett stehen, die Vorhänge öffnen und ihn mit gelben, wässrigen, doch forschenden Augen anstarren.

Ich öffnete die meinen vor Schreck. Die Idee hatte dermaßen von mir Besitz ergriffen, dass mich ein Schauder der Angst durchfuhr ... Ich konnte mein böses Phantom nicht so einfach loswerden; es suchte mich weiterhin heim. ... Ach! Könnte ich nur eine [Geschichte] erfinden, die meine Leser so sehr erschrecken würde, wie ich mich in jener Nacht geängstigt hatte! ... Am nächsten Morgen kündigte ich an, dass

Brunswick Monument in Genf (Schweiz)
Nachdem Byron das Schreiben einer Geistergeschichte vorgeschlagen hatte, wurde Mary von einem Alptraum heimgesucht.

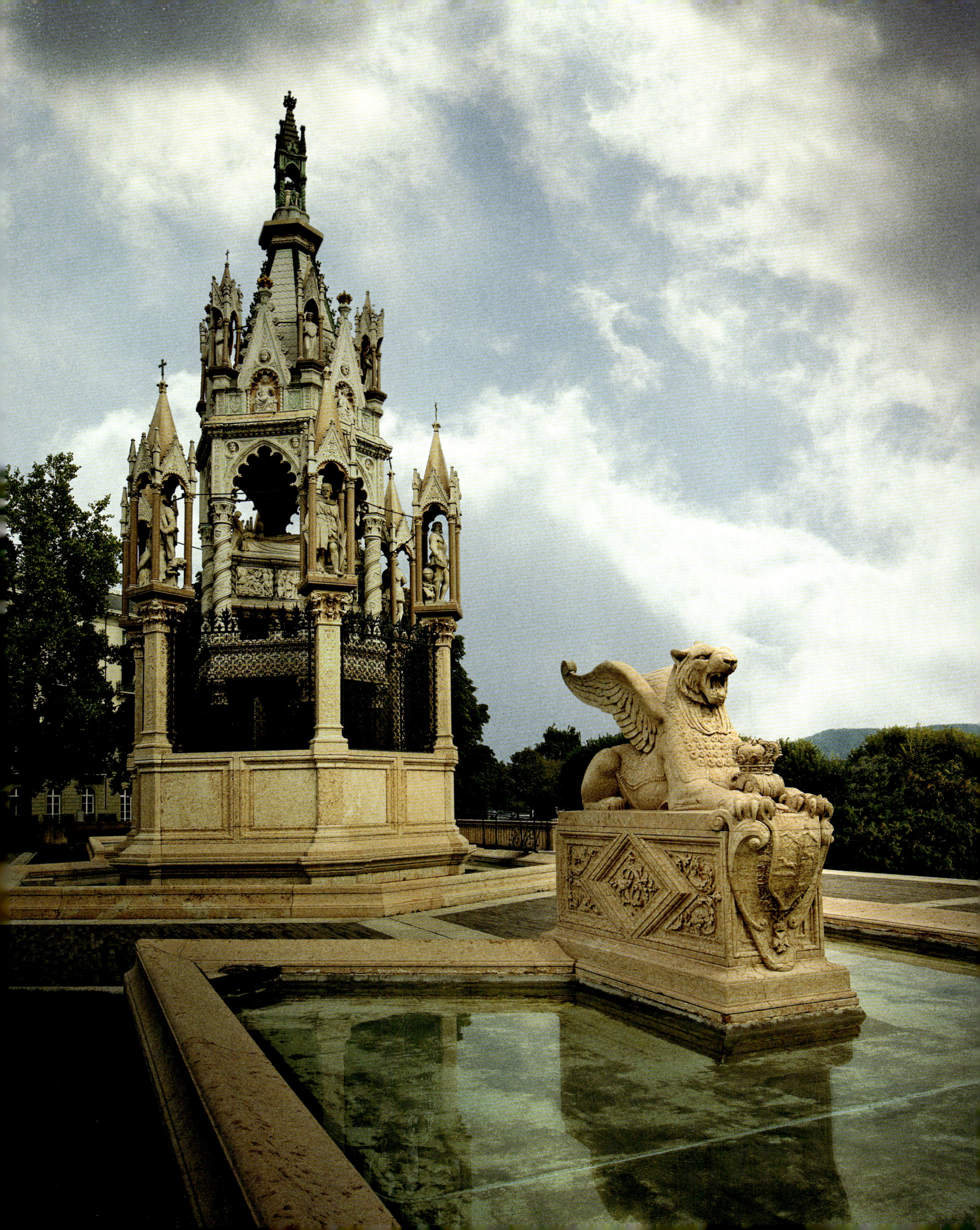

Aiguille du Goûter bei Chamonix (Frankreich)
Wie eine eisige Hand umklammerte der Alptraum Marys Herz.

Rechte Seite:
Château de Chillon in Veytaux (Schweiz)
Oftmals verwandelt sich das erlebte Grauen in dunkle Schatten, die sich in den Wellen der Zeit widerspiegeln.

ich mir eine Geschichte ausgedacht hätte. Am selben Tag begann ich mit den Worten ‚Es war eine triste Novembernacht', wobei ich nur die grausigen Schrecken meines Wachtraumes wiederholte."

Marys Erklärung, wie ihr die Idee zu „Frankenstein" kam, ist so spannend und ergreifend, dass der englische Regisseur Ken Russell einen eigenen Film darüber drehte: „Gothic" (1986). Die Anfangsszene von „Frankensteins Braut" (1935) spielt ebenfalls auf diese folgenreiche Gewitternacht in der Villa Diodati an. Dennoch dürfte Marys Geschichte nicht ganz den Tatsachen entsprechen. Polidori notierte nämlich am 17. Juni ganz nüchtern in seinem Tagebuch: „Alle außer mir haben mit ihren Geistergeschichten begonnen." Auch ansonsten stimmen etliche Details nicht. Mary schreibt: „Wir waren vier", obwohl es nachweislich fünf Personen waren: Byron, Polidori, Mary, Percy und Claire. Aber ist es überhaupt wichtig, ob nun jedes Detail stimmt? Wenn wir das Geheimnis von „Frankenstein" ergründen wollen, lautet die Antwort: Ja! Der springende Punkt ist folgender: Mary erweckt in ihrem Vorwort die Illusion, als hätte sie vorher nie daran gedacht, einen Roman zu schreiben. Erst als Lord Byron den Vorschlag machte, fing sie an zu grübeln und siehe da: Dank eines Traums kam sie ganz spontan und zufällig auf die Idee.

Tatsächlich dürfte sich die Sache völlig anders abgespielt haben: Schon am Grab ihrer Mutter wünschte sich Mary, die Mutter würde noch leben. Nach dem Tod ihrer ersten Tochter Clara am 6. März 1815 nahm dieser Wunsch langsam Gestalt an: Einen Leichnam wieder zum Leben zu erwecken. Fasziniert verfolgte Mary die Gespräche zwischen Percy und Byron, die über dieses Thema vor dem 16. Juni diskutiert haben

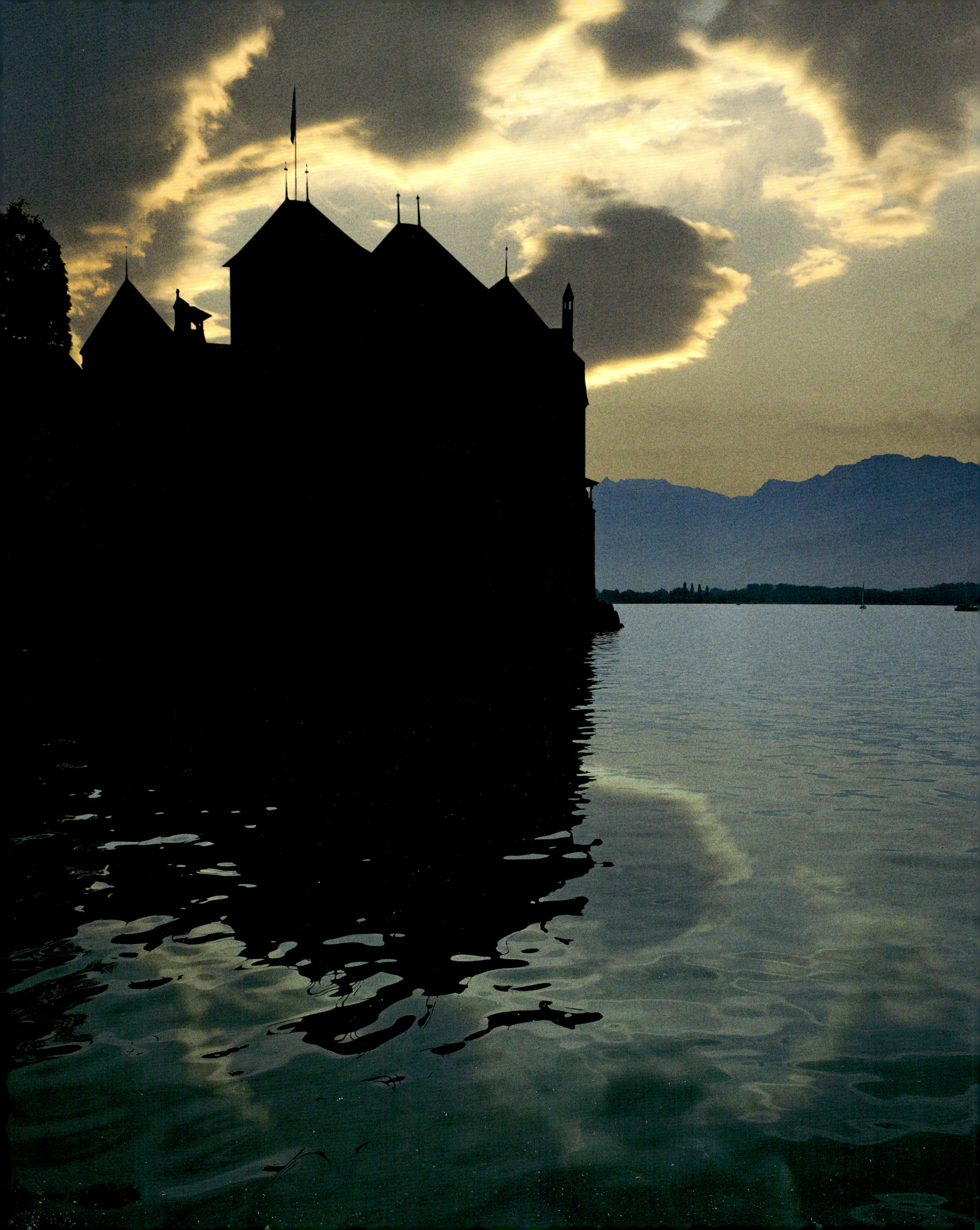

Château de Chillon in Veytaux (Schweiz)
Während Mary anfing, „Frankenstein" zu schreiben, machten Percy und Byron einen Segelbootausflug zu diesem imposanten Wasserschloss.

dürften, nicht danach. Byrons Vorschlag gab ihr dann den notwendigen Ruck. Noch in derselben Nacht beschloss sie, ihre Gedanken, die schon seit längerem in ihrem Kopf herumschwirrten, zu einer Geschichte zu formen. Mary gibt ja selber zu, dass es kein richtiger Traum, sondern eher ein Wachtraum war. Folglich muss sie sich schon vorher mit diesem Thema beschäftigt haben!

Warum hat Mary in ihrem Vorwort nicht die Wahrheit geschrieben? Ganz einfach: Die Wahrheit wäre zu langweilig gewesen. Als Mary sich das Vorwort im Jahr 1831 ausdachte, war sie bereits eine angesehene Schriftstellerin. Deshalb konnte sie wohl der Versuchung nicht widerstehen, die Ereignisse vom Juni 1816 zu dramatisieren. 15 Jahre später nahm sie sich die künstlerische Freiheit, die aufregende Zeit in der Villa Diodati in eine eigene kleine Vorgeschichte zu verpacken. Daran ist nichts auszusetzen, nur müssen wir uns für die weitere Spurensuche im Hinterkopf behalten, dass Mary in Wirklichkeit schon lange vor dem Sommer 1816 Ideen für ihr Erstlingswerk gesammelt hat.

Was ist aus den Geschichten der anderen geworden? Claires Entwurf ging verloren, während Percy den halbherzigen Versuch unternahm, ein Geistergedicht zu schreiben. Es blieb jedoch unvollendet und wurde später unter dem Titel „A shovel of his ashes took" veröffentlicht. Lord Byron begann mit einer Erzählung, verlor aber bald das Interesse daran. 1819 druckte er sie unter dem Titel „Fragment einer Novelle" im Anhang zu seinem Gedichtband „Mazeppa" ab. Der scheinbar untalentierte Polidori dagegen witterte seine große Chance und sollte tatsächlich nach dem Motto „Auch ein blindes Huhn findet einmal ein Korn" in die Literaturgeschichte eingehen. Er klaute von

Lord Byron die Grundidee, nämlich die Abenteuer eines englischen Adeligen. Danach baute Polidori die Geschichte selbständig aus und machte aus der Hauptfigur, Lord Ruthven, einen Vampir, der unverkennbare Züge des herrischen Lord Byron trug (für Polidori offenbar ein Weg, seinem Herrn und Meister all die Demütigungen heimzuzahlen). Auf Umwegen gelangte das Manuskript schließlich nach London, wo es 1819 unter dem Titel „Der Vampyr – Eine Erzählung von Lord Byron" publiziert wurde. Der sensationelle Erfolg übertraf alle Erwartungen! „Der Vampyr" löste einen wahren Boom aus, worauf weitere Vampirgeschichten wie Pilze aus dem Boden schossen. Unklar bleibt allerdings bis heute, ob der Zusatz „Eine Erzählung von Lord Byron" ein Fehler des Verlegers war oder von Polidori durchaus beabsichtigt. Hätte er seine Kurzgeschichte unter seinem eigenen Namen publiziert, wäre der Erfolg wohl ausgeblieben. Nur durch das (echte oder gewollte) Missverständnis, der Text stamme aus Byrons Feder, wurde „Der Vampyr" über Nacht zum Bestseller. Lord Byron selbst zeigte sich übrigens wenig begeistert, als er davon erfuhr.

In einem Brief an den Verleger schrieb er, dass er nichts von einer Vampirgeschichte wisse und dass er Vampire hasse.

Wie auch immer, Polidori war ein echter Geniestreich gelungen. Vampire tauchten zwar schon früher in verschiedenen Erzählungen auf, aber nur als primitive Wesen, ähnlich den Geistern. Lord Ruthven dagegen gehörte zum Adel, was genau den Publikumsgeschmack traf. Das ganze 19. Jahrhundert hindurch sollten die englischen Vampire auf diese Rolle der blutsaugenden Adeligen fixiert bleiben. Sogar noch 80 Jahre später ließ Bram Stoker seinen „Dracula" als Grafen auftreten.

Château de Chillon in Veytaux (Schweiz)
Von Tränen getränkte Steine erzählen schaurige Geschichten aus einer anderen Zeit.

Vampir an der Westminster Abbey in London (England)
Polidoris „Der Vampyr" inspirierte unzählige Schriftsteller zu weiteren Vampirgeschichten.

Château de Chillon in Veytaux (Schweiz)
Im Kerker dieses Schlosses verharrte sechs Jahre lang François Bonivard, der später als „Gefangener von Chillon" Berühmtheit erlangte.

Aber nun zurück zum wahren Horror, der sich in der Villa Diodati abspielte. Am 18. Juni 1816 fand eine weitere Gespenster-Lesung statt. Pünktlich zur Geisterstunde trug Byron ein Gedicht vor. Was dann passierte, schildert Polidori ausführlich in seinem Tagebuch: „In der darauffolgenden Stille schrie Percy Shelley plötzlich auf und hielt seine Hände an den Kopf, lief mit einer Kerze aus dem Zimmer. Ich schüttete Wasser in sein Gesicht und gab ihm Äther. Er sah Mary Shelley und musste plötzlich an eine Frau denken, von der er gehört hatte, dass sie Augen anstelle der Brustwarzen hatte. Die Vorstellung ließ ihn nicht mehr los und erschreckte ihn."

Percys grauenhafte Vision könnte eine Reihe von Ursachen haben: Er galt als übersensibel, was sich zwar als Vorteil beim Dichten erwies, gleichzeitig aber einen Rattenschwanz von Problemen nach sich zog. Er litt an Verfolgungswahn, bildete sich alle möglichen und unmöglichen Krankheiten ein und wurde immer wieder von alptraumartigen Visionen geplagt. Da er außerdem häufig gegen körperliche Schmerzen ankämpfte, trank er Laudanum, ein Gemisch aus Opium und Wein. Dieses schmerzstillende Mittel mit seiner berauschenden Wirkung war damals keineswegs verboten, sondern wurde im Gegenteil von Ärzten verschrieben (erst in den 1920er-Jahren trat in England und Deutschland ein Verbot in Kraft). Nichtsdestotrotz dürfte es Percy immer wieder aus dem seelischen Gleichgewicht gebracht haben.

Vier Tage später, am 22. Juni, brachen Byron und Percy auf, um mit ihrem Segelboot einen einwöchigen Ausflug rund um den Genfersee zu machen. Am anderen Ende des Sees legten sie beim Schloss Chillon an, wo sie unter anderem das Verlies besichtigten. Byron ritzte frech seinen Namen in eine der Säulen. Würde jemand heute so etwas wagen, bekäme er mit Sicherheit den ganzen Zorn der Schweizer Ordnungshüter zu spüren. Byron dagegen kam ungeschoren davon. Mehr noch: Heute ist Chillon mächtig stolz auf seine Sachbeschädigung, hat sie eingerahmt und mit einer Plexiglasscheibe vor allfälligen weiteren Beschädigungen geschützt. Byron verfasste nämlich anschließend das Gedicht „Der Gefangene von Chillon", wodurch das romantische Wasserschloss international bekannt wurde.

Château de Chillon in Veytaux (Schweiz)
In diesem Verlies wurde Bonivard an die fünfte Säule gekettet. Sein Schicksal beeindruckte Byron dermaßen, dass er das Gedicht „Der Gefangene von Chillon" schrieb.

Château de Chillon in Veytaux (Schweiz)
Byron verewigte sich an einer dieser Säulen.

Mont Blanc bei Chamonix (Frankreich)
Mary, Percy und Claire machten einen Ausflug ins Hochgebirge. Die einsame Eiswelt des Mont Blanc überwältigte sie.

Die Eiswelt von Chamonix

Am 20. Juli unternahmen Mary, Percy und Claire einen Ausflug nach Frankreich, genauer gesagt nach Chamonix am Fuße des Mont Blanc. Heute kann man die rund 80 Kilometer lange Strecke dank Autobahn und Schnellstraße bequem in einer Stunde zurücklegen und anschließend mit einer Zahnradbahn nach Montenvers hochfahren, einem Aussichtspunkt auf 1913 Metern Seehöhe. 1816 benötigten die drei Abenteurer acht Tage für ihre Hochgebirgstour. Teilweise marschierten sie zu Fuß, teilweise ritten sie auf Maultieren. Je näher sie an den Mont Blanc herankamen, desto mehr überwältigte sie die unbeschreibliche Größe der Eisriesen und Felszinnen. „Nie zuvor wusste ich, nie zuvor erahnte ich, was Berge sind. Die Ungeheuerlichkeit dieser luftigen Gipfel erregten, als ihr Anblick unvermittelt das Auge traf, ein Gefühl verzückten Erstaunens, dem Wahnsinn nicht unverwandt", schrieb Percy später in einem Brief.

Mary erging es nicht anders. Als sie am 5. Tag nach Montenvers hochstieg und auf das riesige Mer de Glace hinabblickte, den größten Gletscher Frankreichs, da wusste sie: Diese kalte, lebensfeindliche Landschaft spiegelt genau die Atmosphäre ihres Romans wider! So überrascht es kaum, dass sie das Mer de Glace in ihre Geschichte einbaute. Dort kommt es zu einem dramatischen Zusammentreffen zwischen Viktor Frankenstein und seinem Monster. Die Natur dient als Spiegelbild der Seele: Die einsame Eiswelt symbolisiert die Einsamkeit des Monsters! Auch die Idee, den Anfang und das Ende des Romans in der

Oben links:
Eishöhle im Mer de Glace, dahinter die Aiguille des Grands Charmoz bei Chamonix (Frankreich)
Fasziniert vom ewigen Eis ließ Mary später auch Frankensteins Monster hierher flüchten.

Oben:
Fluß Arve bei Servoz, dahinter die Aiguille du Goûter (Frankreich)
Auf ihrem Weg nach Chamonix passierten Mary, Percy und Claire dieses Tal.

Links:
La Grotte de Glace bei Montenvers (Frankreich)
Von den Menschen verstoßen, zog sich das Monster traurig in die Eishöhlen zurück.

Seite 50/51:
Blick von Montenvers auf das Mer de Glace (Frankreich)
Hier auf diesem Gletscher traf Viktor Frankenstein auf die von ihm erschaffene Kreatur.

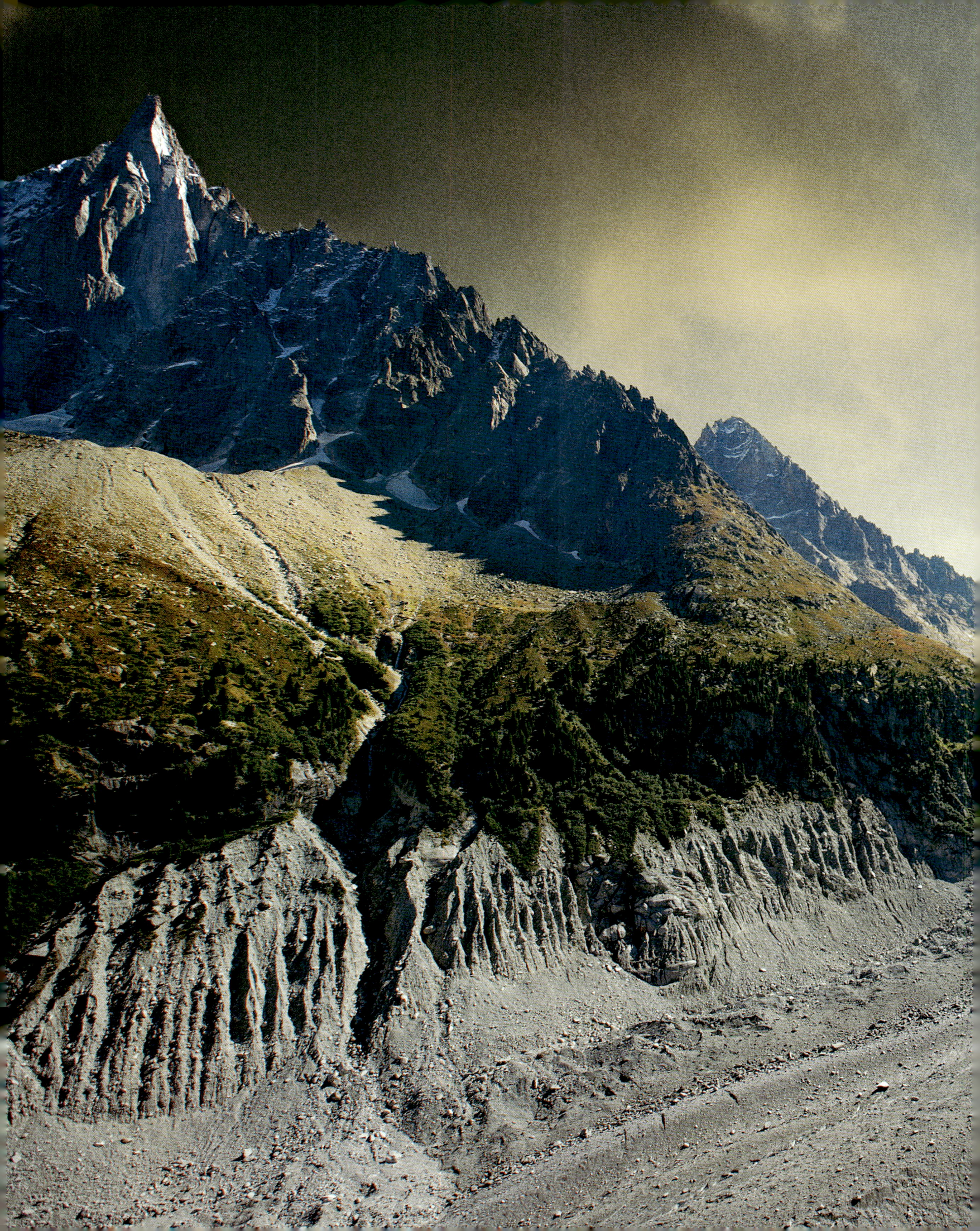

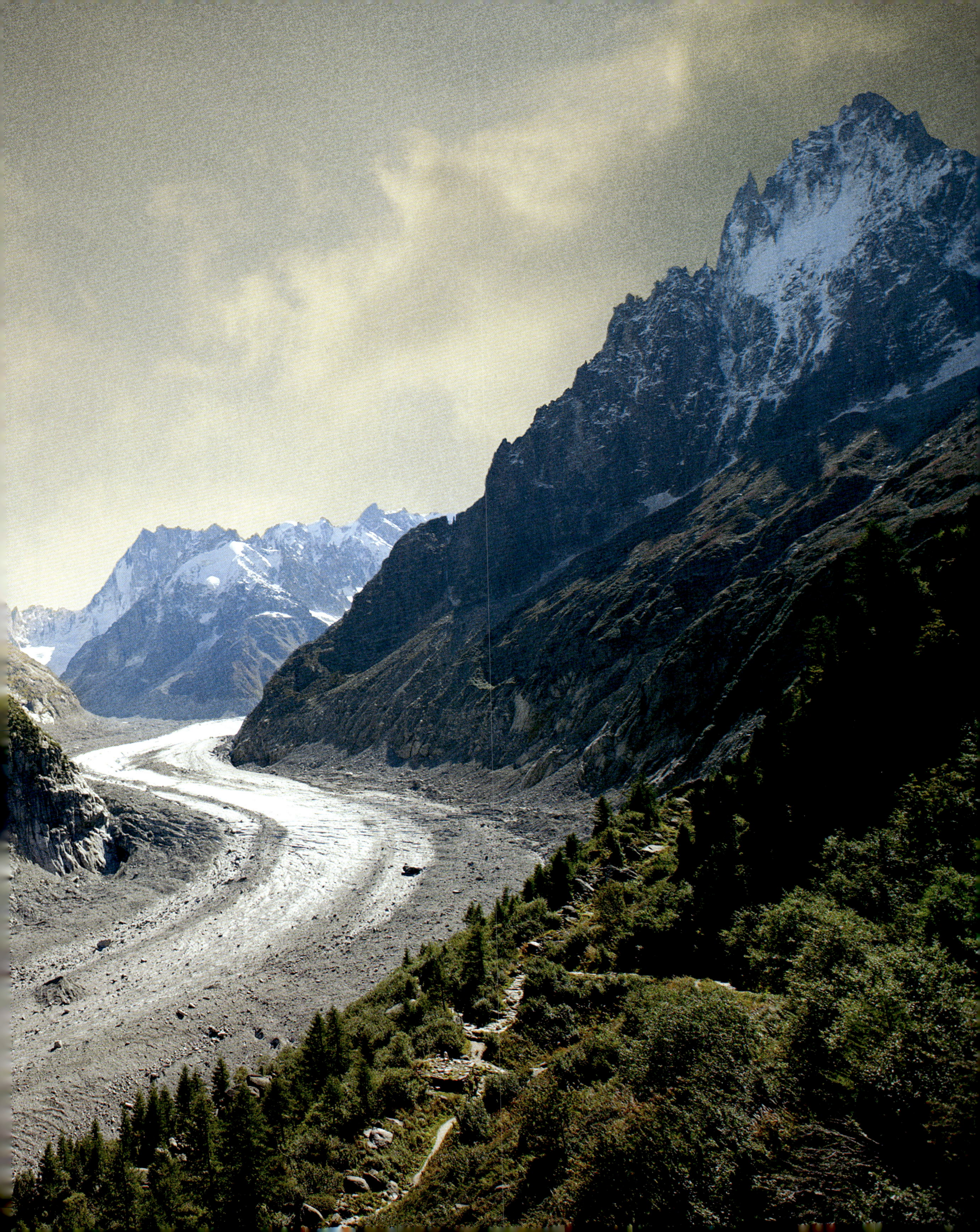

Aiguilles de Chamonix (Frankreich)
Das ewige Eis der Alpen inspirierte Mary dazu, den Anfang und den Schluss ihres Romans in der Arktis spielen zu lassen.

Arktis spielen zu lassen, kam Mary beim Anblick des Mer de Glace, was auf Deutsch nichts anderes als „Eismeer" bedeutet.

Ursprünglich wollte Mary nur eine Kurzgeschichte schreiben, aber Percy ermutigte sie dazu, die Erzählung zu einem Roman auszubauen. Schon Anfang Juli dürfte sich Mary für den Titel „Frankenstein" entschieden haben. Im Juli und August arbeitete sie bereits intensiv am Buch. Währenddessen nahmen die Spannungen innerhalb der kleinen Gruppe ständig zu. Byron stieß die schwangere Claire zurück und wollte sie zeitweise überhaupt nicht mehr sehen. Polidori hatte aufgehört, sein Tagebuch zu führen, wodurch sich das ohnehin problematische Verhältnis zu Byron weiter verschlechterte. Allerdings sah Polidori die Schuld nicht bei sich selbst, sondern bei Percy, der sich nach wie vor blendend mit Byron verstand. Polidori reagierte mit rasender Eifersucht und soll Percy sogar zu einem Duell herausgefordert haben, wofür es jedoch keine Beweise gibt. Dennoch zeigt dieses Gerücht, welche Abgründe sich nun auftaten und wie weit die glücklichen Tage am Genfersee zurücklagen. Schließlich packten Mary, Percy und Claire ihre Koffer und reisten am 29. August gemeinsam mit ihrem Sohn William und dem Schweizer Kindermädchen ab.

Zurück in England, mieteten sie zuerst eine Wohnung in Bath, rund 170 Kilometer westlich von London. Dort kam nun wieder öfters ein alter Bekannter zu Besuch: der Tod. Am 9. Oktober erfuhr Mary, dass sich ihre Halbschwester Fanny mit einer Überdosis Laudanum das Leben genommen hatte. Am 15. Dezember traf die nächste Hiobsbotschaft ein: Percys Frau Harriet hatte Selbstmord begangen, indem sie sich im Hyde Park in den Serpentine River stürzte. Zu allem Überfluss drohte auch noch William Godwin mit Selbstmord, wenn Mary und Percy nicht sofort heiraten würden – was ja jetzt, nach Harriets Tod, möglich war. Deshalb fand am 30. Dezember 1816 die völlig überstürzte Hochzeit statt. In der St Mildred's Church in London gaben sich Mary und Percy das Ja-Wort. Diese Kirche, die direkt neben der St Paul's Cathedral stand, wurde im Zweiten Weltkrieg gänzlich dem Erdboden gleichgemacht und nicht mehr aufgebaut. Heute erinnert nur noch ein kleines Gedenkhäuschen in der Bread Street an das einstige Gotteshaus.

William Godwin und seine Frau Mary Jane Clairmont wohnten als einzige Gäste der Trauung bei (die hochschwangere Claire konnte die weite Reise nicht auf sich nehmen). Jetzt, wo die Beziehung zwischen Mary und Percy endlich den Segen der Kirche hatte, versöhnte sich Godwin mit den beiden, vergaß aber nicht, Percy erneut um Geld anzupumpen, obwohl dieser wie üblich selbst in Schwierigkeiten steckte.

Am 12. Januar 1817 brachte Claire ihre Tochter Allegra zur Welt. Auch Mary selbst war zu diesem Zeitpunkt wieder schwanger (am 2. September 1817 folgte die Geburt von Clara Everina). Trotzdem schrieb sie voller Enthusiasmus an „Frankenstein" weiter. Percy stand ihr mit Rat und Tat zur Seite, gab ihr Anregungen zum Schreibstil und half ihr bei der Überarbeitung. Am 14. Mai 1817, fast auf den Tag genau elf Monate nach jenem denkwürdigen Abend in der Villa Diodati, folgte endlich der erlösende Tagebucheintrag: „[Percy] Shelley korrigiert Frankenstein, schreibe Vorwort – Finis [Ende]." Marys handgeschriebenes Original-Manuskript liegt heute in der Bodleian Library in Oxford, ist vollständig digitalisiert und kann im Internet Seite für Seite durchgeblättert werden (http://shelleysghost.bodleian.ox.ac.uk – unter „Quick links" findet man das „Complete Frankenstein Notebook"). Auffallend ist, wie viel Mary korrigiert und wie sorgfältig sie an dem Text herumgefeilt hat. Offensichtlich überlegte sie sich alles sehr genau, was den Mythos widerlegt, die Geschichte sei ihr im Traum eingefallen und dann habe sie alles ruckzuck niedergeschrieben.

Gedenkhäuschen in der Bread Street in London (England)
An dieser Stelle stand einst die St Mildred's Church, in der Mary und Percy heirateten.

Westminster Abbey in London (England)
Mary brachte „Frankenstein" zunächst anonym heraus und verschwieg ihren Namen.

Nun stand Mary vor der nächsten Schwierigkeit: einen Verlag finden. Sie zeigte das Manuskript zuerst Byrons Verleger, der jedoch ablehnte. Nicht besser erging es ihr beim zweiten Versuch, nämlich bei Percys Verleger. Doch beim dritten Mal klappte es: Am 1. Januar 1818 erschien „Frankenstein oder Der moderne Prometheus" in London beim eher unbedeutenden Verlag Lackington & Co. mit einer Auflage von 500 Exemplaren. Mary bekam ein Honorar von 28 Pfund und 14 Schilling – ein Hungerlohn (wir erinnern uns: Polidori hätte für sein Tagebuch 500 Pfund erhalten).

Der Roman kam anonym heraus. Über die Gründe, warum Mary ihren Namen verschwieg, kann man nur spekulieren. Bescheidenheit? Angst vor dem Versagen? Oder wollte sie ihrem Ehemann keine Konkurrenz machen? Sollte der Name „Shelley" nur Percys Gedichtbänden vorbehalten bleiben? Wie auch immer, Mary hinterließ jedenfalls eine Spur, um Leser und Kritiker auf die richtige Fährte zu locken: Sie widmete den Roman ihrem Vater William Godwin. Überdies schrieb Percy das Vorwort. Daraus zogen Kritiker jedoch eine falsche Schlussfolgerung und glaubten, er sei der Autor. Mary klärte den Irrtum nachträglich durch einen Brief an den Kritiker Walter Scott auf, der als einziger „Frankenstein" gelobt hatte.

Wir wollen nun näher auf den Roman eingehen und die Geheimnisse von Marys Inspirationsquellen lüften. An dieser Stelle sei allerdings vorausgeschickt, dass es zwei verschiedene Versionen von „Frankenstein" gibt: Die Urfassung von 1818 und die veränderte 3. Auflage von 1831, bei der Mary selbst zahlreiche Passagen umgeschrieben hat. Die Handlung an sich blieb zwar gleich, aber Mary strich etliche ironische Bemerkungen, schwächte kritische Aussagen ab und ließ Frankenstein sein Tun bereuen. Kurzum: Mary reagierte auf die vielen Verrisse in der Presse und wollte ihren Kritikern den Wind aus den Segeln nehmen. Heute gilt die Urfassung als die echte, wildere Version, die 3. Auflage dagegen als „weichgespülter" Abklatsch. Ein Beispiel: Nachdem etliche Kritiker den Roman als gottlos bezeichnet hatten, plagen den armen Frankenstein in der 3. Auflage schwere Schuldgefühle. Er selbst bezeichnet die Erschaffung des Monsters als Anmaßung (gegen Gott). In der Urfassung von 1818 dagegen ist das Ganze einfach ein schiefgelaufenes wissenschaftliches Experiment, das Frankenstein nie als religiösen oder moralischen Frevel empfindet. Folglich quälen ihn nie christliche Schuldgefühle oder ein schlechtes Gewissen gegenüber Gott.

Wer heute das Buch kauft, erhält immer die Fassung der 3. Auflage – sofern nicht anders angegeben. Eine solche Ausnahme bildet „Frankenstein oder Der moderne Prometheus – Die Urfassung", übersetzt und herausgegeben von Alexander Pechmann. Die nachfolgenden Zusammenfassungen basieren auf diesem Buch. Zuvor sei aber noch eine Frage geklärt: Warum lautet der Untertitel „Der moderne Prometheus"? Dieser griechische Gott brachte den Menschen das Feuer, aber was hat das mit Frankenstein zu tun?

Die älteste Version der Prometheus-Sage stammt vom griechischen Dichter Hesiod. In seinem Werk „Theogonie", geschrieben um 700 v. Chr., erzählt er folgende Geschichte: Einst kamen auf der Halbinsel Peloponnes die Menschen und Götter zusammen um auszuhandeln, welchen Teil der Tiere die Menschen essen dürfen und welchen Teil sie den Göttern opfern müssen. Da trat Prometheus vor, der Sohn eines Titanen, aber gleichzeitig ein Freund der Menschen. Er schlachtete ein mächtiges Rind und zerlegte es. Das nahrhafte Fleisch warf er auf einen Haufen, verdeckte es jedoch mit dem hässlichen Rindermagen. Die bleichen, nutzlosen Knochen dagegen gab er auf einen zweiten Haufen, verbarg sie aber unter schön glänzendem Fett. Als nun Zeus, der höchste Gott, herantrat, bat ihn Prometheus ganz unschuldig, er

Westminster Abbey in London (England)
Einige Kritiker bezeichneten den Roman „Frankenstein" als gottlos. Deshalb schrieb Mary etliche Passagen um und ließ Frankenstein sein Experiment bereuen.

„Prometheus" von Gustave Moreau
Nachdem Prometheus den Menschen das Feuer gebracht hatte, kettete ihn Zeus zur Strafe an einen Felsen, wo ein Adler jeden Tag seine Leber fraß.

möge doch selbst wählen, was er als Opfer wolle. Prompt griff Zeus nach dem glänzenden Haufen, sehr zur Freude der Menschen, denn sie durften nun das schmackhafte Fleisch behalten.

Als Zeus bemerkte, dass sich unter dem glänzenden Fett nur wertlose Knochen befanden, schäumte er vor Wut. Er konnte seine Wahl aber nicht mehr rückgängig machen, sodass die Menschen seither das Fleisch der Tiere selbst essen dürfen. Zeus sann auf Rache für diesen Betrug und enthielt den Menschen zur Strafe das Feuer vor, doch er unterschätzte abermals den listigen Prometheus. Damals hausten die Götter im Olymp, und Zeus vermochte die Grenze zur Menschenwelt zu kontrollieren, sodass niemand ein offenes Feuer zu den Menschen hinabtragen konnte. Prometheus schlich jedoch heimlich in die Schmiede des Hephaistos, stahl ein glimmendes Holzstück, versteckte es im hohlen Stängel einer Narthex-Pflanze (Riesenfenchel), schmuggelte es durch die Grenze und brachte so den Menschen das Feuer.

Fuchsteufelswild beschloss Zeus, den verschlagenen Prometheus bis in alle Ewigkeit für diesen Frevel zu bestrafen und kettete ihn an einen Felsen, wo ein Adler jeden Tag seine Leber fraß. Da Prometheus unsterblich war, wuchs die Leber über Nacht wieder nach, sodass sich dieses grausame Spiel Tag für Tag wiederholte, bis schließlich Herkules Erbarmen zeigte, den Adler tötete und Prometheus befreite.

Im alten Griechenland gehörte Prometheus zu den populärsten Göttern, die Sage wurde nach und nach immer stärker ausgebaut. Platon erwähnt Prometheus erstmals im Zusammenhang mit der Erschaffung der Menschen: Prometheus gab ihnen nicht nur das Feuer, sondern auch noch weitere Eigenschaften fürs Überleben wie etwa die Weisheit. Diesen Gedanken griff der römische Dichter Ovid (43 v. Chr. – 17 n. Chr.) auf. In seinen „Metamorphosen" schildert er zu Beginn die Entstehung der Erde, der Tiere und der Menschen. Seine Beschreibung erinnert ein wenig an die biblische Genesis, nur dass die Römer zu jener Zeit noch nicht den Gott des Christentums kannten. Deshalb erklärt Ovid, ein namenloser Weltenschöpfer habe die Erde erschaffen („der Gott, wer immer es war …"). Doch dann folgt eine interessante Passage: Die Menschen werden von Prometheus erschaffen, indem er Lehm nach dem Abbild der Götter formt und mit dem Wasser des Regens vermischt! Mary Shelley kannte Ovids „Metamorphosen" und spielt mit ihrem Untertitel „Der moderne Prometheus" auf diese Szene an.

Oben links:
„Mädchen mit einem Delfin"-Statue und Tower Bridge in London (England)

Oben:
St Pancras Station in London (England)

Links:
Temple Church in London (England)
Im Mittelalter war die Temple Church die Hauptkirche der Tempelritter in England.

2. Teil

Frankenstein oder

Der moderne Prometheus

Kensale Green Cemetery in London (England)
In seinem Größenwahn wollte Frankenstein den Tod überwinden.

Wie erweckte Frankenstein sein Monster zum Leben?

Der Roman beginnt mit Briefen des englischen Kapitäns Robert Walton an seine Schwester:

Walton war aufgebrochen, um mit einem Schiff den Nordpol zu erreichen oder – falls dies nicht möglich sein sollte – zumindest einen Seeweg vom Atlantik zum Pazifik zu entdecken, zwischen der Arktis und dem russischen Festland hindurch. Zunächst lief alles nach Plan. Das Schiff kämpfte sich durch eine schmale Fahrrinne, immer dicht am ewigen Eis vorbei. Eines Tages geriet die Mannschaft jedoch plötzlich in helle Aufregung. Die Matrosen sahen, wie in der Ferne eine riesenhafte Gestalt mit einem Hundeschlitten durch die eisige Schneelandschaft hetzte. Damit aber nicht genug. Am nächsten Morgen fanden sie einen zweiten Mann, der völlig erschöpft auf einer Eisscholle trieb. Sie holten ihn an Bord und brachten ihn in eine Kajüte, wo er sich langsam erholte. Kapitän Walton freundete sich schnell mit dem seltsamen Fremden an. Sein Name war Viktor Frankenstein und er erzählte dem staunenden Walton seine Geschichte.

Nun wechselt der Roman in die Ich-Form, denn Frankenstein schildert alles aus seiner Sicht:

Ich wurde in Genf geboren. Mein Vater bekleidete verschiedene öffentliche Ämter, die ihm Ehre und hohes Ansehen einbrachten. (An dieser Stelle sei ausdrücklich betont, dass Viktor nicht aus einer adeligen, sondern aus einer bürgerlichen Familie stammte. Sein Name lautet daher „Viktor Frankenstein", ohne „von". Erst 1939 erhob Hollywood den Sohn in den Adelsstand, titulierte ihn im Film „Frankensteins Sohn" als „Baron von Frankenstein" und ließ ihn standesgemäß in einer Burg hausen. Dem Publikum gefiel die adelige Abstammung, sodass in der Folge auch Viktor selbst den Titel „von Frankenstein" bekam. Mary Shelley, die für die meisten Adeligen nur abgrundtiefe Verachtung empfand, würde sich bestimmt im Grabe umdrehen, wenn sie davon wüsste.)

Als ich vier Jahre alt war, starb die Schwester meines Vaters. Daraufhin nahm er ihr einziges Kind, die kleine Elisabeth, in unsere Familie auf. Wegen ihres liebenswerten Charakters wünschte sich meine Mutter schon damals, dass Elisabeth eines Tages meine Ehefrau werde. (Percys Lieblingsschwester hieß ebenfalls Elisabeth.) *So verbrachte ich eine Kindheit, die nicht glücklicher hätte sein können. Neben Elisabeth hatte ich noch zwei jüngere Brüder, Ernest und William, sowie einen Spielkameraden und besten Freund Henry Clerval.*

Mit 13 Jahren stieß ich zufällig auf ein Buch des Alchemisten Cornelius Agrippa. Fasziniert verschlang ich diesen Wälzer, um gleich darauf die Werke von Paracelsus und Albertus Magnus zu studieren. Mit Feuereifer machte ich mich selbst auf die Suche nach dem Stein der Weisen und dem Lebenselixier. Welchen Ruhm würde ich erlangen, wenn ich entdeckte, wie man den menschlichen Körper von allen Krankheiten heilen könnte! (Percy las dieselben Bücher; erstaunlich, wie haargenau Mary ihren eigenen Mann beschrieb.)

Altes Rathaus und Moritzbastei in Ingolstadt (Deutschland)
„Die Reise war lange und mühselig, bis ich endlich die hohen weißen Kirchturmspitzen der Stadt erblickte", erzählte Frankenstein.

Als ich 15 Jahre alt war, trat jedoch ein Ereignis ein, das meine wissenschaftliche Neugier in eine ganz andere Richtung lenken sollte. Während eines furchtbaren Gewitters schlug ein Blitz direkt in die prachtvolle Eiche vor unserem Haus ein. Die Zerstörung dieses Baumes beeindruckte mich gewaltig, und ich fragte meinen Vater aufgeregt nach dem Wesen und dem Ursprung von Blitz und Donner. „Elektrizität", antwortete er und beschrieb gleichzeitig die verschiedenen Wirkungen jener Kraft. Er konstruierte eine kleine Maschine und führte einige Experimente vor. Dann bastelte er auch noch einen Drachen mit Draht und Schnur, der den Wolken Flüssigkeit entzog. (Diese Beschreibung ist ein deutlicher Hinweis auf die Experimente von Benjamin Franklin, den Erfinder des Blitzableiters, auf den wir gleich ausführlich eingehen werden.)

Die neuen Erkenntnisse stießen Agrippa, Albertus Magnus und Paracelsus, die so lange meine Vorstellungswelten beherrscht hatten, endgültig vom Thron und ich beschloss, mich den modernen Naturwissenschaften zuzuwenden. Deshalb entschieden meine Eltern, mich im Alter von 17 Jahren zum Studieren an die Universität von Ingolstadt zu schicken. (Seltsam. Warum wählte Mary ausgerechnet Ingolstadt als Studienort von Viktor Frankenstein? Sie selbst kam Zeit ihres Lebens niemals dorthin. Und um die Sache noch mysteriöser zu machen: 1816/17, als Mary ihren Roman schrieb, gab es in Ingolstadt gar keine Universität mehr, denn sie war bereits im Jahr 1800 nach Landshut verlegt worden. Trotzdem muss Ingolstadt eine geheimnisvolle Faszination auf Mary ausgeübt haben. Warum? Dieser Frage werden wir im 3. Teil nachgehen.)

Haus neben dem Neuen Schloss in Ingolstadt (Deutschland)
In einer Dachbodenkammer erweckte Frankenstein den toten Körper zum Leben.

Die Reise war lange und mühselig, bis ich endlich die hohen weißen Kirchturmspitzen der Stadt erblickte. Ich stieg aus der Kutsche und wurde zu meinem einsamen Zimmer geführt. Am nächsten Morgen machte ich einigen der wichtigsten Professoren meine Aufwartung, speziell Professor Waldman, der Vorlesungen über Chemie hielt. Rasch freundete ich mich mit ihm an, sodass er mir sogar gestattete, sein Labor zu benutzen. Zwei Jahre lang studierte ich mit allergrößtem Eifer Naturwissenschaften und Chemie. Eines der Phänomene, dem ich besondere Aufmerksamkeit schenkte, war die Zusammensetzung des menschlichen Körpers. Worin, fragte ich mich, bestand die Grundlage des Lebens? Um dieses Rätsel zu lösen, musste ich mich zunächst dem Tod zuwenden. Ich machte mich mit der Wissenschaft der Anatomie vertraut und verbrachte viele Tage und Nächte in Grüften und Beinhäusern. Schließlich gelang es mir, das Geheimnis vom Ursprung und der Entstehung des Lebens zu ergründen und ich beschloss, ein menschliches Wesen zu erschaffen!

Fast zwei Jahre arbeitete ich wie ein Besessener in meiner Dachbodenkammer, die ich zu einem Labor umfunktioniert hatte. Knochen sammelte ich in Beinhäusern, während mich der Sezierraum und das Schlachthaus mit dem übrigen Material versorgten. Ich formte eine riesenhafte Gestalt, ungefähr zweieinhalb Meter groß und entsprechend breit.

Es war in einer tristen Novembernacht, als ich die Vollendung meiner mühseligen Arbeit vor mir sah. Mit einem Fiebereifer, der schon fast an Folterqualen grenzte, brachte ich die Lebensapparate in Position, um einen Funken des Seins in dieses leblose Ding zu leiten. Es war

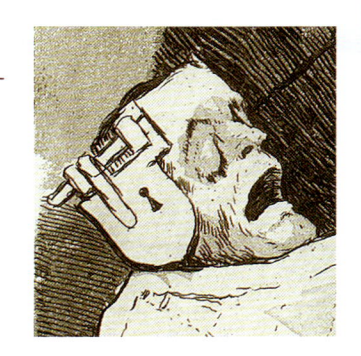

Ausschnitt aus dem Bild „Los Chinchillas" von Goya
Erst im Frankenstein-Film bekam das Monster einen Turmschädel. Als Vorlage diente dieses Bild von Goya.

bereits ein Uhr morgens. Trostlos prasselte der Regen gegen die Fensterscheiben, und meine Kerze war beinahe heruntergebrannt, als ich im Schimmer des gerade erlöschenden Lichts sah, wie sich das trübe gelbe Auge der Kreatur öffnete. Sie atmete schwer und ihre Glieder wurden von krampfartigen Zuckungen geschüttelt.

Mein Geschöpf hätte schön sein sollen. Schön! Großer Gott! Seine gelbliche Haut bedeckte kaum das Geflecht aus Muskeln und Arterien darunter. Als es mich mit seinen wässrigen Augen anstarrte, erfüllten Abscheu und Grauen mein Herz. Unfähig, den Anblick des Wesens zu ertragen, das ich erschaffen hatte, floh ich aus dem Labor.

An dieser Stelle seien zunächst zwei weitverbreitete Missverständnisse geklärt: Frankensteins Geschöpf bleibt namenlos. Mary nennt es zunächst „Kreatur" oder „Geschöpf", später „Monster" und „Teufel". Heute verwechseln viele Leute Viktor Frankenstein mit seiner Kreatur und glauben, Frankenstein sei das Monster selbst.

Beim Stichwort Frankenstein taucht vor dem geistigen Auge sofort das Gesicht des Monsters mit dem markanten, abgeflachten Turmschädel auf. Davon steht allerdings nichts im Roman. Der Turmschädel ist eine Erfindung des Regisseurs James Whale und seines Maskenbildners Jack Pierce. Beide ließen sich dabei von dem Bild „Los Chinchillas" inspirieren, das der spanische Maler Francisco de Goya 1799 gezeichnet hatte. Als Boris Karloff das Monster spielte, musste er jeden Tag eine vierstündige Prozedur über sich ergehen lassen, bis die Maske passte. Doch der Aufwand lohnte sich: Der Turmschädel sollte nicht nur Karloff, sondern auch das Bild des Monsters unvergesslich machen!

Aber nun zur spannendsten Frage: Wie hat es Frankenstein geschafft, dem toten, aus Leichenteilen zusammengeflickten Körper Leben einzuhauchen? Mary belässt es wohlweislich bei vagen Andeutungen. Im Vorwort zur 3. Auflage erwähnt sie Dr. Darwin und galvanische Experimente. Um zu verstehen, was dahintersteckt, wollen wir nun etwas weiter ausholen und uns mit der Erforschung der Elektrizität beschäftigen.

Illustration von Maja Velickovic
„Nie habe ich etwas so Entsetzliches wie sein Gesicht gesehen, etwas derart Abscheuliches und gleichzeitig erschreckend Bösartiges", heißt es im Roman.

Westfriedhof in Ingolstadt (Deutschland)
Der älteste Friedhof Ingolstadts. Hier verbrachte Frankenstein viele Nächte, um das Geheimnis von Leben und Tod zu ergründen.

Die Geschichte der Elektrizität

Bereits um das Jahr 600 v. Chr. entdeckten die alten Griechen, dass durch das Reiben von Bernstein eine elektrische Ladung entsteht, zwar eine sehr schwache, aber immerhin stark genug, um beispielsweise am Boden liegende Federn anzuziehen. Da Bernstein auf Griechisch „elektron" heißt, gaben sie diesen Namen auch jenem seltsamen Phänomen, woraus sich später unser Wort „Elektrizität" herausbildete. Damals kam allerdings niemand auf die Idee, dass Blitze ebenfalls eine elektrische Entladung sein könnten. Im Gegenteil: Blitze galten als Waffen der Götter! Zeus schleuderte sie auf die Erde hinab, um seine Macht zu demonstrieren oder um seine Feinde zu töten. Später übernahmen die Römer, aber auch die Christen diese Vorstellung. Mit den Blitzen bestraft Gott die Menschen für ihr sündiges Treiben!

Fast 2500 Jahre lang gab es bei der Erforschung der Elektrizität keinerlei Fortschritte, bis im 17. Jahrhundert die ersten Elektrisiermaschinen auftauchten. 1706 baute der Engländer Francis Hauksbee ein verbessertes Modell. Wer heute auf Frankensteins Spuren wandelt und Genf besucht, entdeckt im Park „Mon Repos" (wo einst die Shelleys und Lord Byron im Hôtel D'Angleterre übernachteten) das sehenswerte Musée d'Histoire des Sciences, wo eine solche Elektrisiermaschine zu bewundern ist. Wenn man den Glaskolben mit Hilfe der Kurbel gegen ein Lederkissen (rechts) dreht, entsteht eine elektrische Ladung, die sich an den Metallspitzen (links) wieder entlädt, und zwar in Form von kleinen Funken. Dieses ungewöhnliche Spektakel faszinierte die Zuschauer, sodass Elektrisiermaschinen bald zu einer Attraktion auf Jahrmärkten wurden. Die Leute amüsierten sich an den lustig überspringenden Funken, aber abgesehen von dieser netten Unterhaltung sah man keinerlei praktischen Nutzen. Dies sollte sich schlagartig ändern, als Benjamin Franklin in den Besitz einer Elektrisiermaschine kam.

Benjamin Franklin, 1706 in Boston geboren, arbeitete zunächst als Unternehmer, ehe er sich der Wissenschaft zuwandte. 1745 schickte ihm sein Londoner Freund Peter Collinson eine Elektrisiermaschine, die Franklin sofort in ihren Bann zog. Bei seinen Experimenten machte er bald zwei entscheidende Beobachtungen. Erstens fiel ihm auf, dass die überspringenden Funken dieselbe Form aufwiesen wie Blitze. Daraus zog er die Schlussfolgerung, dass es sich bei Blitzen ebenfalls um elektrische Entladungen handeln könnte. Zweitens stellte er fest, dass nur bei spitzen Metallnadeln ein Funke übersprang, nicht dagegen bei flachen Gegenständen. Dank dieser Erkenntnisse reifte in ihm ein verwegener Plan: Wenn kleine Metallspitzen die Ladung eines Glaskolbens anziehen, dann müsste eine große Metallstange die Ladung eines Blitzes einfangen!

1750 schrieb Franklin einen Brief an Collinson, in dem er das Modell des Blitzableiters exakt skizzierte. Man müsste eine 8 bis 12 Meter hohe Eisenstange aufstellen, um den Blitz anzuziehen und in die Erde zu leiten. Leider besaß Franklin zu wenig Geld, um selbst einen Blitzableiter zu bauen. Glücklicherweise hatte Collinson den Brief jedoch veröffentlicht, sodass der französische König Ludwig XV. darauf aufmerksam wurde und den Auftrag gab, Franklins Anleitung zu testen. 1752 bauten die Franzosen in Marly-la-Ville, 25 Kilometer nördlich von Paris, einen Blitzableiter mit einer 13 Meter hohen Eisenstange. Am 10. Mai 1752 schlug ein Blitz ein, worauf die Anwesenden ein kleines blaues Feuer an der Stange sowie etliche Funken sahen. Damit waren zwei Beweise gelungen: Erstens, dass es sich bei Blitzen tatsächlich um elektrische Entladungen handelte, und zweitens, dass man sie mit Hilfe einer Metallstange einfangen und sicher in die Erde leiten konnte. Ein Triumph der Wissenschaft über Gott! Damit wurde das Zeitalter der Elektrizität eingeleitet.

Franklin selbst hielt sich an jenem denkwürdigen Tag in Philadelphia auf und wusste nichts vom erfolgreichen Blitzableiter-Test in Marly. Stattdessen über-

Elektrisiermaschine im Musée d'Histoire des Sciences in Genf (Schweiz)
Wenn man die Kurbel dreht, lädt sich der Glaskolben elektrisch auf, sodass kleine Funken zu den Metallspitzen überspringen.

Porträt von Benjamin Franklin auf der 100-Dollar-Note
Die Elektrisiermaschine brachte Franklin auf die Idee, dass es sich bei Blitzen um elektrische Entladungen handeln könnte.

Drachenexperiment von Benjamin Franklin
Während eines Gewitters ließ Franklin einen Drachen aufsteigen. Als der Blitz einschlug, gelang der Beweis für eine elektrische Entladung.

legte er sich eine kostengünstigere Variante. Warum nicht einfach einen Drachen während eines Gewitters aufsteigen lassen? Am 15. Juni 1752 provozierte er so einen Blitzeinschlag und erbrachte damit ebenfalls den Beweis für die elektrische Entladung.

In ganz Europa bauten Wissenschaftler nun Blitzableiter und wiederholten das Experiment, sodass Franklin schnell zum neuen Superstar aufstieg. Interessanterweise wurde er immer wieder als „neuer Prometheus" bezeichnet. Kein geringerer als der deutsche Philosoph Immanuel Kant schrieb: „Von dem Prometheus der neueren Zeit, dem Herrn Franklin, …". Denn so, wie einst der griechische Gott das Feuer im Himmel gestohlen und den Menschen gebracht hatte, so holte Franklins „Blitzfänger" das himmlische Feuer auf die Erde herab.

Die Kirche dagegen war über die neue Erfindung alles andere als erfreut. Blitze seien Gottes Strafe und man dürfe Gott nicht ins Handwerk pfuschen, indem man eine „Ketzerstange" auf dem Dach montiere. Tatsächlich sollte der Blitzableiter weitreichende Konsequenzen mit sich bringen. Jetzt lag der handfeste Beweis vor, dass es sich bei einem Blitz um ein Naturphänomen handelte und nicht um eine Waffe Gottes. Zu allem Überfluss ließ sich der Blitz durch den Ableiter auch noch bändigen. Anders ausgedrückt: Der Mensch beherrschte nun dank Franklin eine göttliche Waffe, die ihm nichts mehr anhaben konnte. Später sollte ein anderer Wissenschaftler namens Frankenstein sich ebenfalls anmaßen, ein göttliches Monopol zu brechen …

Luigi Galvani

Dank Franklins Blitzableiter erlebte die Elektrizitätsforschung, die so lange einen Dornröschenschlaf gehalten hatte, nun einen wahren Boom. In ganz Europa machten sich Wissenschaftler daran, mit Strom zu experimentieren. Einer von ihnen war Luigi Galvani (1737–1798), Professor der Medizin an der Universität von Bologna. Im November 1780 berührte er einen toten Frosch mit zwei Kabeln, worauf der Schenkel zu zucken begann. Heute wissen wir, dass Galvani unabsichtlich einen Stromkreis hergestellt hatte und sich der Froschschenkel wegen des so erzeugten Stroms bewegte. Galvani dagegen zog eine falsche Schlussfolgerung und glaubte, die Elektrizität käme aus dem Muskel des Frosches.

Als er seine Theorie über die „tierische Elektrizität" publizierte, widersprach ein Professor der Universität Pavia: Alessandro Volta. Knapp zwei Jahrzehnte lang kam es zu einer heftigen Fehde zwischen den beiden Gelehrten. In dieser Zeit erfreute sich Galvanis Experiment großer Beliebtheit, sodass man es allerorts wiederholte und sich schließlich der Name „Galvanismus" einbürgerte. Man setzte tote Tiere unter Strom, sodass sie zuckten, als würden sie jeden Moment wieder zum Leben erwachen. In der breiten Öffentlichkeit entstand dadurch der Eindruck, Elektrizität sei Lebensenergie. Besonders bemerkenswert erscheint in dieser Hinsicht eine Vorführung des dänischen Arztes Peter Abildgaard. Er tötete zuerst ein Huhn mit einem Stromschlag, um es anschließend mit einem zweiten Stromschlag wieder ins Leben zurückzuholen. Heute darf man annehmen, dass das Huhn beim ersten Stromschlag nicht starb, sondern vor lauter Schreck lediglich in Ohnmacht fiel, aus der es beim zweiten Stromschlag wieder erwachte. Dennoch zeigt dieses Beispiel, dass die Idee, man könne Tote mittels Elektrizität wiederbeleben, damals in der Luft lag und nur darauf wartete, in einem Roman verarbeitet zu werden.

1798 starb Galvani, ohne dass der Streit mit Volta entschieden worden wäre. Deshalb setzte Galvanis Neffe, Giovanni Aldini, die Experimente fort, um die Ehre seines Onkels doch noch zu retten. Dabei kam ihm indirekt ausgerechnet Alessandro Volta zu Hilfe: Im Jahr 1800 baute er die erste Batterie, damals auch als „Volta'sche Säule" bezeichnet – eine der sensationellsten und wichtigsten Erfindungen in der Geschichte der Elektrizität! Sie bestand aus übereinander geschichteten Zink- und Kupferplatten mit säuregetränkten Textilien dazwischen. Damit war es nicht nur möglich, einen konstanten Stromfluss zu erzeugen, sondern es gelang außerdem, die Spannung kräftig in die Höhe zu treiben. Später wurde deshalb zu Voltas Ehren die Maßeinheit für die Spannung „Volt" genannt.

Luigi Galvani
Er brachte mit Hilfe von Strom einen toten Frosch zum Zucken.

Links:
Batterie (Volta'sche Säule) im Musée d'Histoire des Sciences in Genf (Schweiz)
Im Jahr 1800 erfand Alessandro Volta die Batterie, damals eine Säule aus Zink- und Kupferplatten.

Giovanni Aldini
Mit Hilfe einer Batterie setzte Aldini menschliche Leichen unter Strom, worauf sie sich bewegten.

Karikatur zu Aldinis galvanischem Experiment
„Eine galvanisierte Leiche": Aldinis Experiment schuf die Illusion, man könne Tote wieder zum Leben erwecken.

Für Giovanni Aldini eröffnete die Batterie ungeahnte Möglichkeiten. Jetzt konnte er sogar menschliche Leichen unter Strom setzen! Deshalb reiste er durch ganz Europa, um seine angeblichen Beweise einem breiten Publikum vorzuführen (natürlich irrten Galvani und Aldini, wie wir heute wissen; Muskeln reagieren zwar auf Strom, erzeugen selbst aber keinen). Am 17. Januar 1803 gastierte er in London, wo er im Royal Surgical College ein Experiment präsentierte, das bei den Zuschauern einen nachhaltigen Schock hinterlassen sollte. Aldini galvanisierte die Leiche des soeben hingerichteten Mörders Thomas Forster. Zuerst verband er die Stromkabel mit dem Mund und dem einen Ohr, worauf der Tote das Gesicht verzog und das linke Auge öffnete. Danach platzierte Aldini die Kabel an verschiedenen Stellen, was krampfartige Bewegungen hervorrief. Zum Entsetzen des Publikums hob die Leiche ihren rechten Arm und bewegte die Beine sowie die Oberschenkel. Die fassungslosen Zuschauer glaubten tatsächlich, der Erhängte würde wieder zum Leben erwachen.

Mary Shelley schrieb im Vorwort zur 3. Auflage von „Frankenstein": „Vielleicht könnte man eine Leiche wiederbeleben; galvanische Experimente hatten für solche Dinge den Beweis geliefert." Natürlich existierte in Wirklichkeit kein einziger Beweis! Zuckungen eines toten Körpers bedeuten noch keine Rückkehr ins Leben. Aber Mary verstand es recht geschickt, den Galvanismus für ihre Zwecke einzuspannen und Frankensteins „Toten-Belebung" zumindest in den Bereich des Möglichen zu rücken. Obwohl sie den Namen Aldini nirgends erwähnt, nimmt man heute an, dass sie höchstwahrscheinlich an dieses aufsehenerregende Experiment von 1803 dachte. Damit sind wir des Rätsels Lösung einen großen Schritt nähergekommen. Frankenstein könnte sein Monster galvanisiert haben, um durch einen kräftigen Stromstoß den Lebensfunken zu entzünden. Wenn aber eine Batterie nicht zur Wiederbelebung ausreicht, wie wäre es dann mit einem Blitz? So überrascht es kaum, dass Regisseur James Whale diese Idee in seinem Frankenstein-Film (1931) aufgriff, weil sie einleuchtend erschien: Frankenstein erweckt seine Kreatur mit der elektrischen Ladung eines Blitzes zum Leben! Im Roman selbst finden wir allerdings keinen Hinweis auf ein Gewitter. Im Gegenteil: Mary lässt sich ein Hintertürchen offen und stellt eine ganz andere Möglichkeit für künstliches Leben in den Raum: die Experimente des Dr. Darwin. Was hat es damit auf sich?

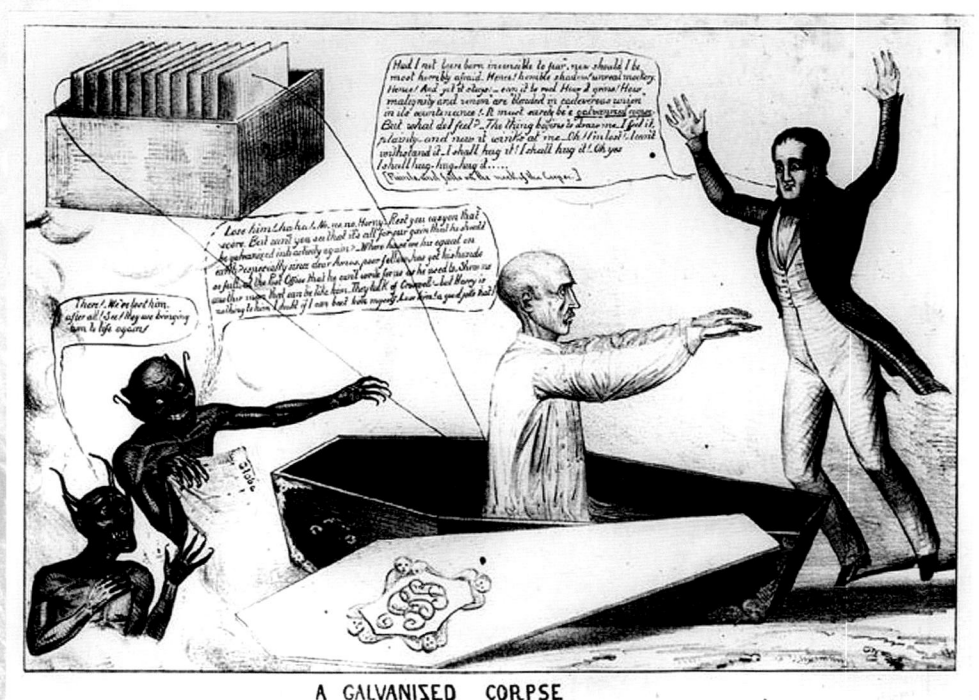

Erasmus Darwin

„Die Gespräche zwischen [Percy] Shelley und Byron, bei denen ich eine hingebungsvolle, aber beinahe völlig stille Zuhörerin gewesen bin, waren zahlreich und dauerten lange", schrieb Mary im Vorwort zur 3. Auflage. „Sie sprachen über die Experimente des Dr. Darwin (…), der ein Stück ‚vermicelli' in ein Glasgefäß steckte, bis es sich durch irgendwelchen außergewöhnlichen Mittel selbständig zu bewegen begann." Was sind „vermicelli"? Dieses italienische Wort bedeutet auf Deutsch nichts anderes als dünne Spaghetti-Nudeln. Wie bitte? Erasmus Darwin, der Großvater des berühmten Charles Darwin, hat Spaghetti-Nudeln zum Leben erweckt? Da muss ein Missverständnis vorliegen!

Tatsächlich ist Mary hier ein peinlicher Fehler unterlaufen, der unter Frankenstein-Forschern heute noch für Erheiterung sorgt. Ganz offensichtlich hat Mary nie Darwins Buch „Tempel der Natur" gelesen, sondern nur Percy und Byron zugehört, die über „v---celli" sprachen. Mary verstand „vermicelli" und schrieb es so nieder. In Wirklichkeit berichtete Darwin über „vorticelli", was auf Deutsch „Glockentierchen" heißt. Gemeint sind winzige Organismen (etwa 0,1 Millimeter lang), die in leicht verschmutzten Gewässern leben und sich von Bakterien ernähren. Dank der Erfindung des Mikroskops machte Erasmus Darwin eine erstaunliche Entdeckung: Wenn der Lebensraum der Glockentierchen (z.B. eine Pfütze) austrocknet, erstarren sie und sind scheinbar tot. Dennoch können sie in diesem Zustand mehrere Monate überleben. Sobald Regen einsetzt und die Glockentierchen wieder Wasser bekommen, erwachen sie aus ihrer Totenstarre und sind quicklebendig wie eh und je. Diese raffinierte Überlebensstrategie ist möglich, weil es sich bei Glockentierchen um primitive Einzeller handelt.

Wie wir sehen, hat Erasmus Darwin niemals behauptet, man könne künstliches Leben schaffen oder „echte" Tote wiedererwecken. Diese Spur führt somit ins Leere. Abschließend sei angemerkt, dass Marys „vermicelli" in manchen Büchern mit „Spaghetti-Nudeln" übersetzt wird, in anderen dagegen mit „Wurm", weil Glockentierchen eine längliche Form besitzen. Im Film „Frankenstein Junior" (1974) finden wir übrigens eine Anspielung auf diese Doppeldeutigkeit. Gleich zu Beginn hält Frankensteins Enkel (gespielt von Gene Wilder) eine Vorlesung, bei der ihn ein Student in Verlegenheit bringt, indem er Darwins Experiment erwähnt. Darwin habe Spaghetti und Würmer in einem Glas gehalten, bis sie sich aus eigener Kraft zu bewegen begannen, worauf Gene Wilder verdutzt fragt: „Was meinen Sie, die Würmer oder die Spaghetti?"

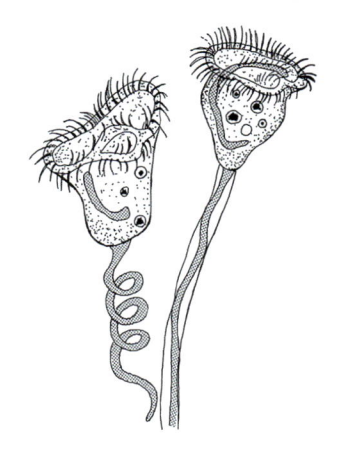

Brompton Cemetery in London (England)
Die Idee, Verstorbene aus dem Totenreich zurückzuholen, beschäftigt die Menschen seit Urzeiten.

Erasmus Darwin
Er fand heraus, dass Glockentierchen, lat. Vorticelli (Zeichnung oben), aus der Totenstarre erwachen können.

Wie kam Frankenstein zu seinem Namen?

Viktor setzte seine Erzählung fort: Abscheu und atemloses Grauen erfüllten mein Herz, als ich die Kreatur erblickte, die ich geschaffen hatte. Ich floh aus dem Labor ins Schlafzimmer, wo ich mich im Bett verkroch, doch das Monstrum folgte mir. Es streckte seine Hand aus, aber ich entkam ihm und flüchtete in den Hof, wo ich den Rest der Nacht zubrachte, ehe ich ziellos durch die Straßen irrte. Da hielt plötzlich eine Schweizer Postkutsche, und zu meiner freudigen Überraschung sprang Henry Clerval heraus, mein Freund aus Kindertagen. Sein Vater hatte ihm endlich gestattet, ebenfalls in Ingolstadt zu studieren. Glücklich über seine Ankunft führte ich ihn gleich zur Universität.

Als ich später angstvoll meine Wohnung betrat, fand ich sie zu meiner unbeschreiblichen Erleichterung leer vor. Der Dämon war fort! Ich sprang vor Freude über Stühle, klatschte in die Hände und lachte laut auf, sodass sich Clerval ernsthaft Sorgen machte. Leider führte mein Anfall wirklich zu einem Nervenfieber, das mich den ganzen Winter über ans Bett fesselte. Als ich mich erholte, blieb ich noch ein ganzes Jahr in Ingolstadt, um mit meinem Freund zusammen orientalische Sprachen zu studieren, denn ich hatte den Naturwissenschaften endgültig den Rücken zugekehrt.

Da traf plötzlich aus heiterem Himmel eine Hiobsbotschaft ein. Mein Vater schrieb mir, dass mein jüngster Bruder William während eines Spaziergangs in Plainpalais verschwunden war. Alle suchten nach ihm, bis man in der Nacht seine Leiche fand. Er war brutal erdrosselt worden. (Plainpalais war früher ein Park in Genf, doch heute ist der Platz zubetoniert. Im Juni 2014 soll dort eine zwei Meter hohe Bronzestatue von Frankensteins Monster errichtet werden.)

Völlig überstürzt reiste ich nach Genf zurück, während Clerval in Ingolstadt blieb. (Dem aufmerksamen Leser mag auffallen, dass Viktor sein Studium nie regulär abgeschlossen hat. Er kehrt somit als verkrachter Student zurück und nicht als „Dr. Frankenstein", wie er gelegentlich tituliert wird.) *Als ich in der Nacht ankam, waren die Stadttore schon geschlossen. So nahm ich ein Boot, das mich nach Plainpalais brachte, während ein furchtbares Gewitter über den Bergen tobte. Nachdem ich das Ufer erreicht hatte, stieg ich auf einen niedrigen Hügel hinauf. Plötzlich erhellte ein Blitz die Düsternis und ich sah voll Entsetzen eine riesenhafte, missgebildete Gestalt vor mir. Es musste das Monster sein, das ich erschaffen hatte! Konnte es der Mörder meines Bruders sein? Kaum war ich auf diese Idee gekommen, war ich von ihrer Wahrheit überzeugt. Doch die Gestalt eilte an mir vorbei. Als ein weiterer Blitz aufzuckte, sah ich, wie sie die beinahe senkrechte Felswand des Mont Salève emporkletterte und in der Finsternis verschwand.*

Am nächsten Morgen betrat ich das Haus meines Vaters. Sechs Jahre waren seit meiner Abreise vergangenen. Mein Vater und Elisabeth begrüßten mich voller Trauer und erzählten mir, dass die Mörderin gefasst sei. Es war Justine, unser geliebtes Kindermädchen. In ihrer

Blick vom Mont Salève auf Genf (Schweiz)
Frankenstein beobachtete, wie das Monster an diesen fast senkrechten Felswänden des Mont Salève hinaufkletterte.

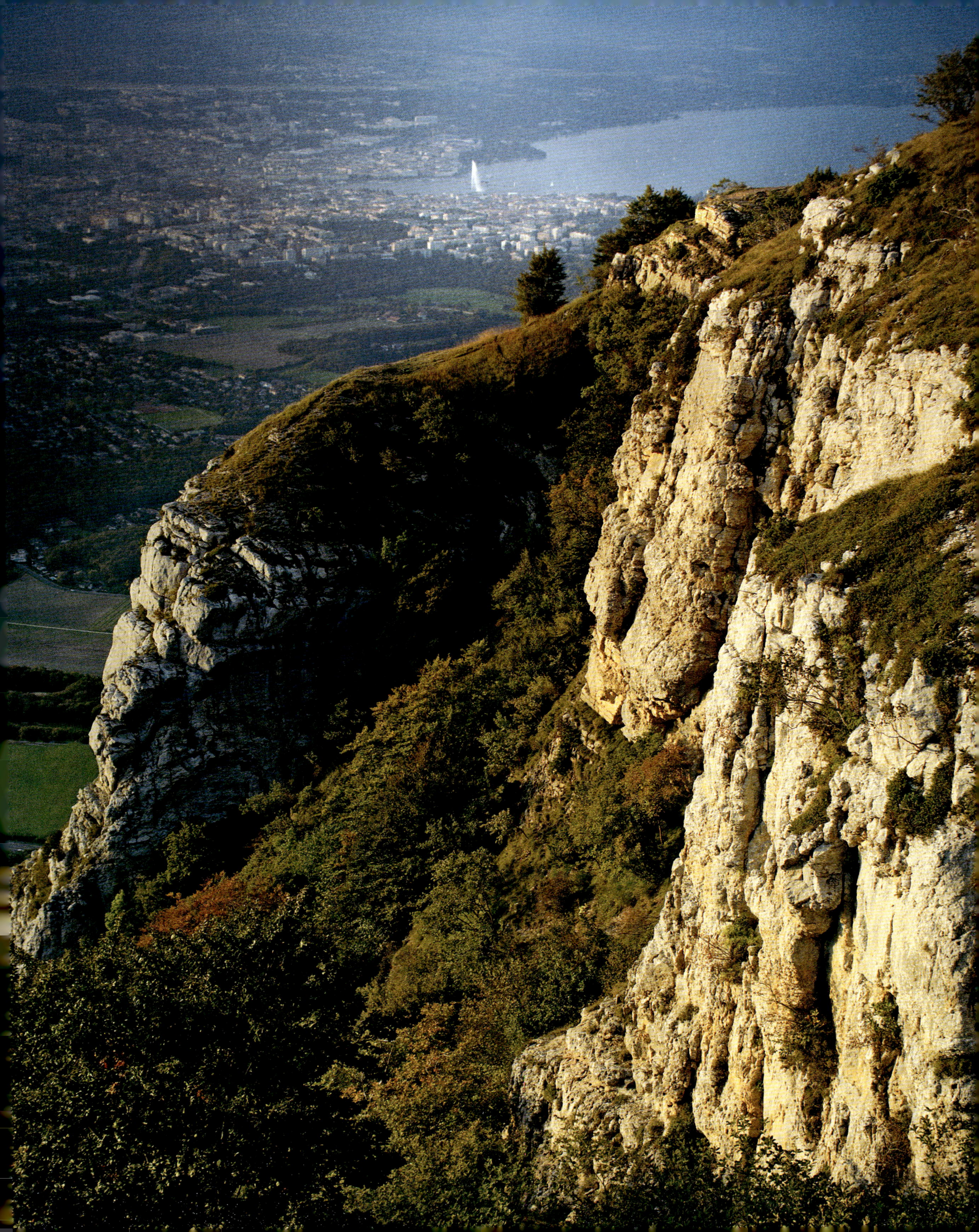

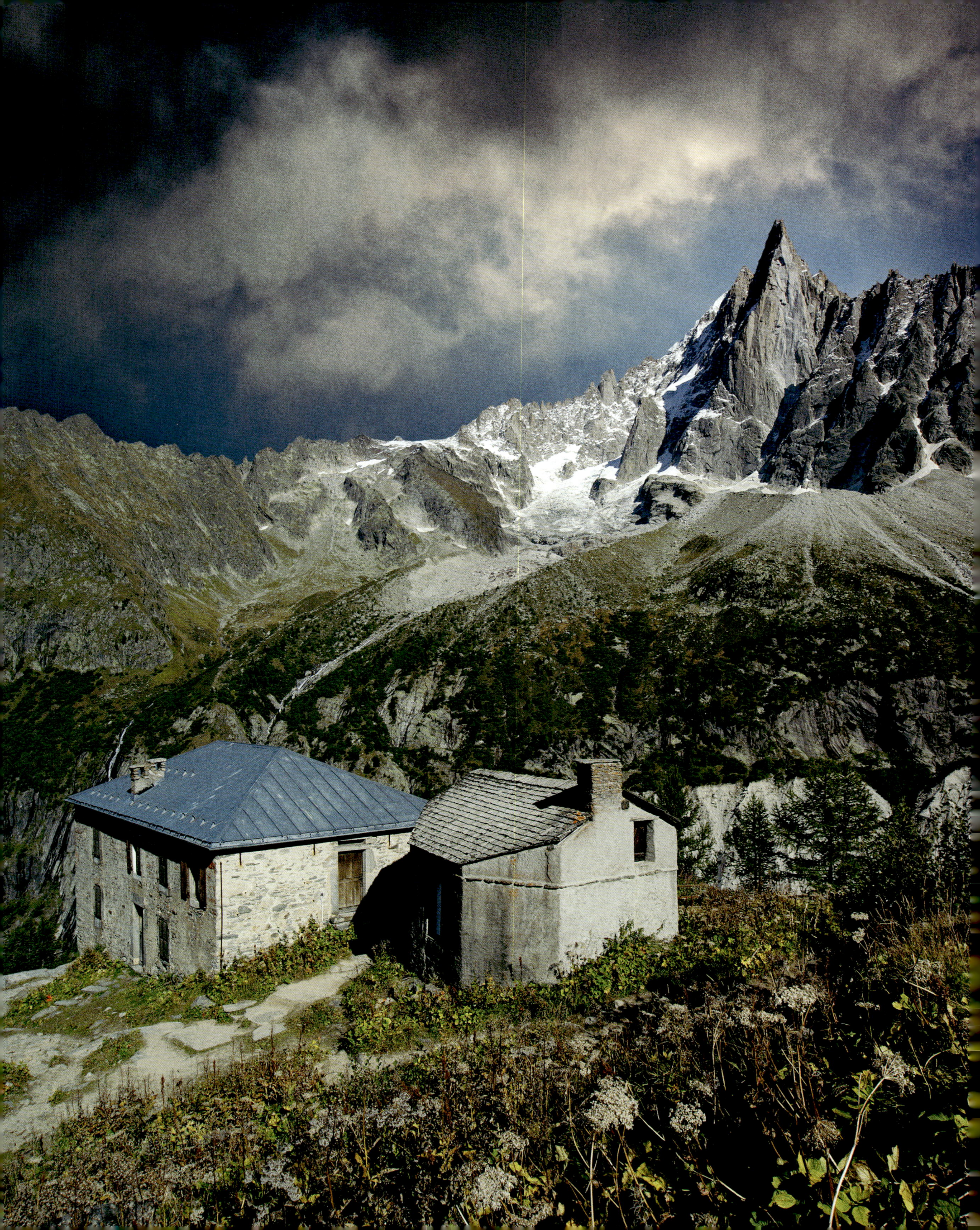

Linke Seite:
„Tempel der Natur" in Montenvers (Frankreich)
Diese Häuser standen bereits, als Mary 1816 nach Montenvers hochstieg. Auch das Monster führte Frankenstein zu einer Hütte in den Bergen.

Links:
Mer de Glace mit Aiguille des Grands Charmoz (Frankreich)
Als Frankenstein zum Mer de Glace wanderte, stand plötzlich das Monster vor ihm.

Tasche hatte ein Diener Williams Medaillon gefunden. Noch am selben Tag begann der Gerichtsprozess. Ich wusste, dass Justine unschuldig war, doch um den wahren Mörder zu überführen, hätte ich meine Wahnsinnstat gestehen müssen. So zog ich es vor zu schweigen und sah tatenlos zu, bis ich das Grauen meiner Lage nicht mehr ertragen konnte. Als ich erkannte, dass die Richter die unglückliche Justine verurteilen würden, rannte ich voller Verzweiflung aus dem Saal. (Genauso hätte wohl auch Percy reagiert, der in kritischen Situationen ebenfalls die Nerven verlor.)

Nach Justines Hinrichtung schlug mein Vater vor, gemeinsam mit Elisabeth einen Ausflug nach Chamonix zu machen, um meine trübsinnigen Gedanken zu verscheuchen. Die Bergwelt tat meiner Seele gut und so beschloss ich, allein nach Montenvers hochzusteigen, denn die Gegenwart anderer Menschen hätte die einsame Pracht der Landschaft zerstört. Von Montenvers wanderte ich zum Mer de Glace, wo plötzlich eine abscheuliche Gestalt mit übermenschlicher Geschwindigkeit auf mich zurannte. Mein Monster! Ich wollte mich auf es stürzen, doch es wich mir mit Leichtigkeit aus. „Beruhige dich", sprach es. „Ich bitte dich, mich anzuhören, bevor du deinem Hass freien Lauf lässt." Schließlich willigte ich ein und folgte ihm zu einer Hütte auf dem Berg, wo es seine Geschichte erzählte. (Diese Hütte könnte der sogenannte „Tempel der Natur" sein, zwei kleine Steinhäuser in Montenvers, wo auch Mary und Percy Unterschlupf suchten.)

Die Einsamkeit des Monsters

Nun folgt der vielleicht interessanteste, auf jeden Fall aber bemerkenswerteste Teil von „Frankenstein": Auf ganzen 50 Seiten, das ist ein Fünftel des Romans, lässt Mary das Monster selbst zu Wort kommen und das Geschehen aus seiner Sicht schildern. Nun erzählt die Kreatur in der Ich-Form, während Frankenstein wortlos zuhört:

Als ich erwachte, erschien alles wirr und verschwommen. Nur langsam lernte ich, die Eindrücke meiner verschiedenen Sinne zu unterscheiden. Ich war eine arme, hilflose und elende Kreatur. Aber ich konnte mich frei bewegen, und weil ich Kälte spürte, warf ich mir ein paar deiner Kleider über. So wankte ich aus der Stadt hinaus, bis ich zu einem Dorf kam. Als mich die Leute sahen, kreischten die Kinder und eine der Frauen fiel in Ohnmacht, während die Männer mit Steinen nach mir warfen. Ich flüchtete durch den Wald, bis ich zu einem einsamen Bauernhof kam, wo ich mich in einem Schuppen versteckte. Den ganzen Winter über beobachtete ich durch einen Spalt in der Wand den alten, blinden Bauern, seinen Sohn und seine Tochter. Zu meinem Glück erschien eines Tages die Verlobte des Sohnes, eine Araberin, die in der Landessprache weder sprechen noch lesen konnte. So brachte ihr die Familie beides bei, und ich lernte es in meinem Versteck ebenfalls. Ich las etliche Bücher, doch sie offenbarten mir nur noch deutlicher, was für ein elender Ausgestoßener ich war. Niemand linderte meinen Kummer oder teilte meine Gedanken. Ich war allein. (Das Monster ist also durchaus intelligent und nicht dumm, primitiv und bösartig wie in den Filmen, wo es durch einen unglücklichen Zufall ein abnormes Gehirn eingesetzt bekommt.)

Je länger ich die Familie beobachtete, desto größer wurde mein Wunsch, sie um ihren Schutz und ihre Güte zu bitten. Mein Herz lechzte danach, mit diesen freundlichen Menschen Umgang zu pflegen und von ihnen geliebt zu werden. Eines Tages, als der blinde Mann allein zuhause war, trat ich ein und sprach ihn an. Er empfing mich freundlich und wir unterhielten uns angeregt, während die Zeit verflog und plötzlich die Tür aufging. Wer kann das Entsetzen beschreiben, als die drei mich sahen? Die Tochter fiel in Ohnmacht, die Verlobte rannte schreiend hinaus, doch der Sohn packte einen Stock und schlug mit aller Kraft auf mich ein, sodass ich zurückwich. Dann zog er seinen Vater und seine Schwester hinaus in den Wald. Rache- und Hassgefühle erfüllten mein Herz, und ich machte mir nicht die Mühe, sie zu unterdrücken. Ich nahm ein brennendes Holzscheit und zündete das Haus an. Das Band zwischen mir und der Welt war zerrissen.

Wo sollte ich nun hin? In deinem Mantel, den ich mir übergeworfen hatte, fand ich dein Tagebuch und wusste deshalb, dass deine Familie in Genf lebt. So machte ich mich auf den Weg und erreichte schließlich die Stadt, wo ich mich im Park von Plainpalais versteckte. Dort sah ich einen Jungen und dachte, dieses kleine Geschöpf müsste frei von Vorurteilen sein. Doch als ich ihn packte, um mit ihm zu spielen, rief er sofort nach seinem Vater, Monsieur Frankenstein. Ich traute meinen Ohren nicht. Sofort schoss mir der Gedanke durch den Kopf, mich

Burg Katz bei St. Goarshausen
„Wir erblickten zahlreiche Burgruinen, die in unzugänglichen Höhen am Rande von Schluchten standen", heißt es im Roman.

für all das Leid, das du mir angetan hast, zu rächen. Ich drückte seine Kehle zu, bis er tot zu meinen Füßen lag. Dann nahm ich sein Medaillon und steckte es unbemerkt in die Tasche einer Frau, die nach dem Jungen suchte. Anschließend zog ich mich hierher zurück. Das wüste Bergland und die tristen Gletscher sind meine Zuflucht, die Eishöhlen mein Heim.

Glaube mir, Frankenstein: Ich war gutartig. Mein Herz glühte vor Liebe und Menschlichkeit. Aber bin ich nicht einsam, schrecklich einsam? Du, mein Schöpfer, verabscheust mich. Die Menschen verachten und hassen mich. Doch nur das Elend ließ mich böse werden. Mach mich glücklich, und ich werde erneut tugendhaft sein. Erschaffe mir ein Weib, mit dem mich jene gegenseitige Liebe verbindet, die ich zum Leben brauche! Dann werde ich mich mit meiner Braut in die endlose Wildnis Südamerikas zurückziehen und kein menschliches Wesen wird uns je wiedersehen.

Frankensteins Reise

Nachdem das Monster seine Erzählung beendet hatte, fuhr Viktor fort, die weiteren Ereignisse zu schildern: Ich war gerührt und erkannte auch zum ersten Mal, welche Pflichten ein Schöpfer gegenüber seinem Geschöpf hatte. Deshalb versprach ich ihm, seiner Bitte nachzukommen. Allerdings stellte mich die Erschaffung eines weiblichen Wesens vor ungeahnte Schwierigkeiten. Deshalb erklärte ich, dass ich zuerst nach London reisen müsse, um Erfahrungen mit einem Wissenschaftler auszutauschen, der auf demselben Gebiet forschte.

„Ich werde deine Fortschritte verfolgen", sprach das Monster, „aber du musst nicht befürchten, dass ich erscheine, ehe du fertig bist." Daraufhin drehte es sich um und verschwand in den unendlichen Weiten des Gletschers. Ich dagegen stieg hinab nach Chamonix, wo ich meinem Vater und Elisabeth schweren Herzens

Seite 76/77:
Marksburg bei Braubach (Deutschland)
Ebenso wie Mary und Percy den Rhein hinabsegelten, reisten auch Frankenstein und Clerval an den malerischen Rheinburgen vorbei.

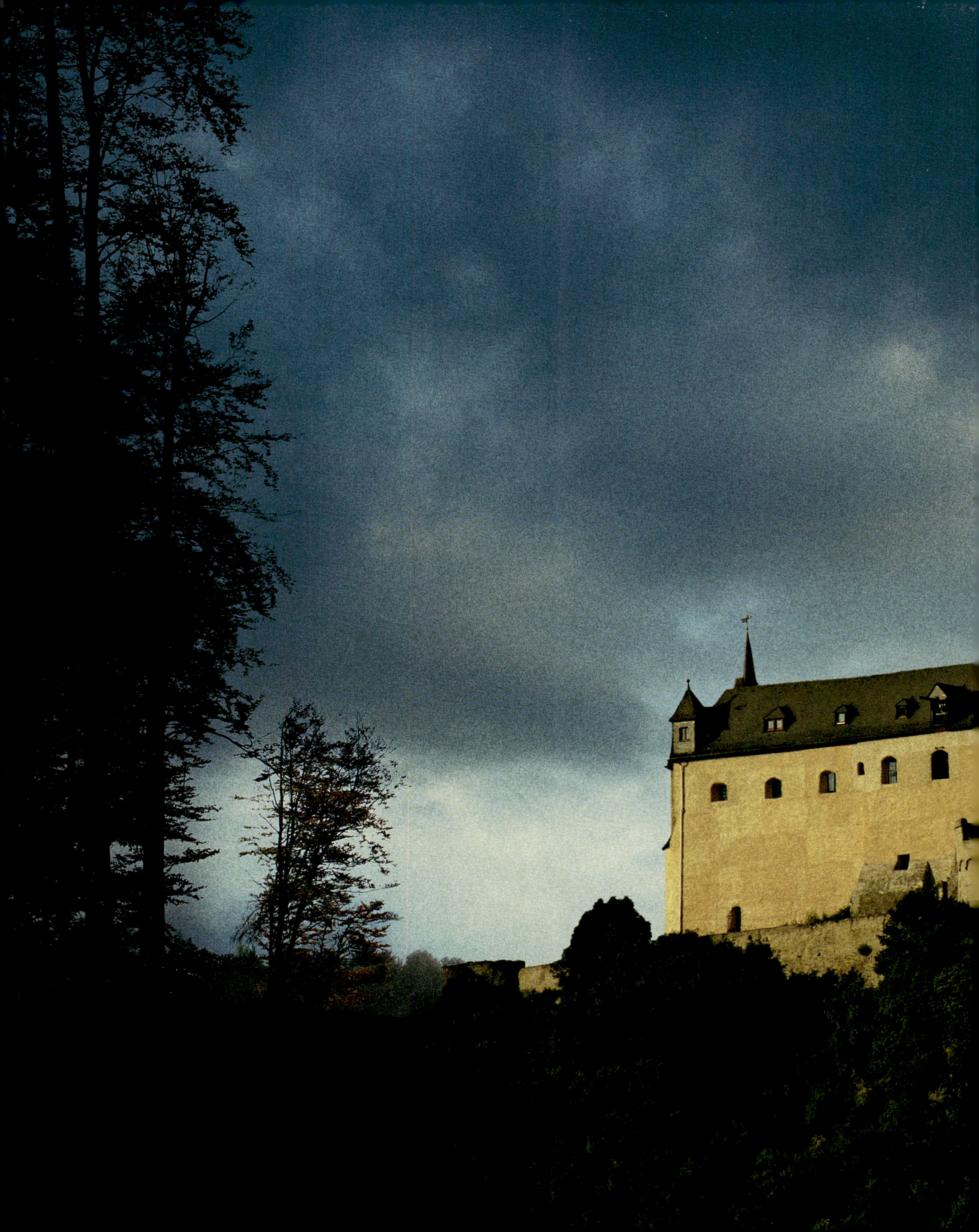

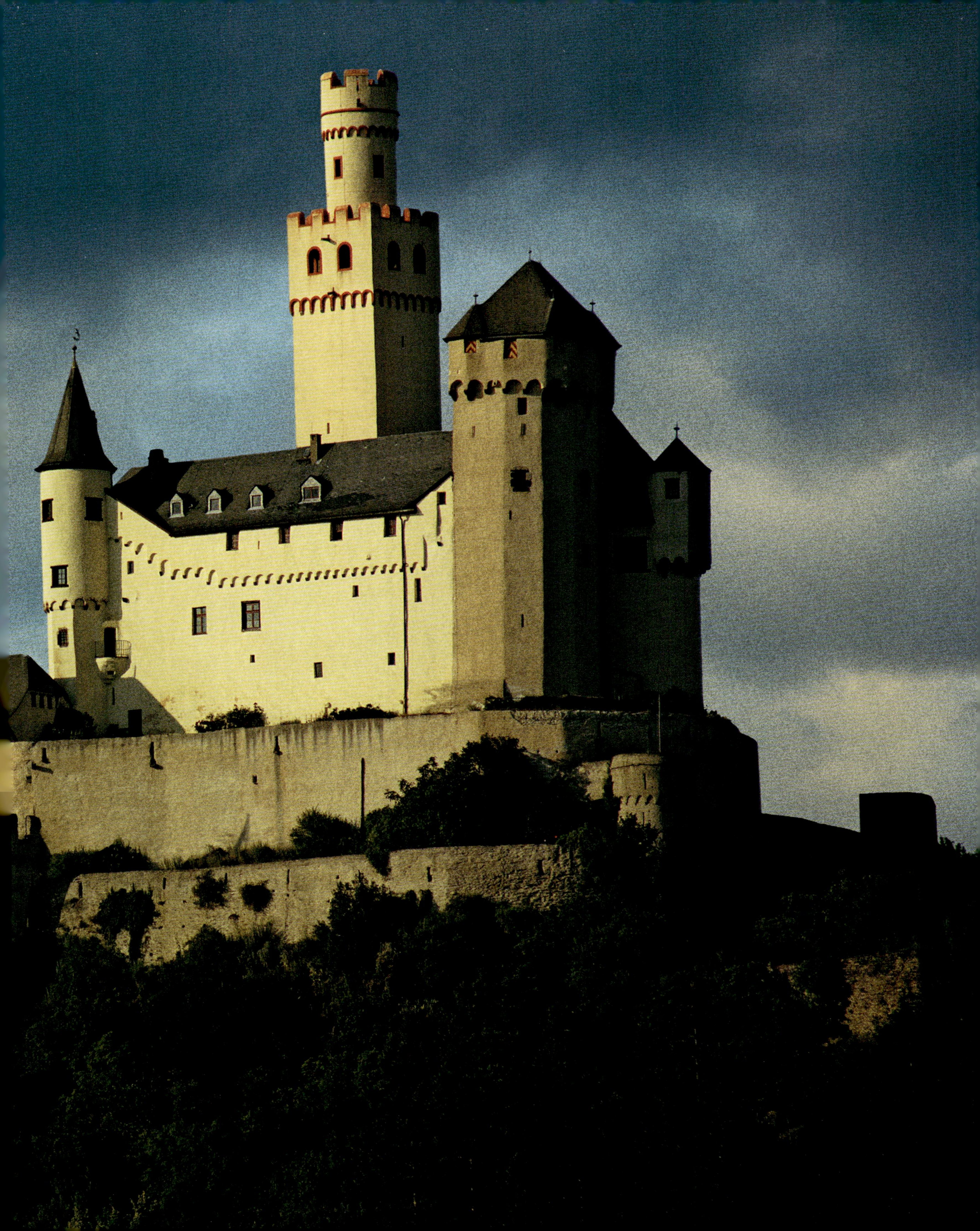

beibringen musste, dass eine größere Reise unausweichlich sei. Ende August brach ich auf und fuhr zuerst nach Straßburg, wo mein treuer Freund Henry Clerval zu mir stieß. Gemeinsam fuhren wir mit einem Boot den Rhein hinab. Voll Entzücken bemerkten wir, wie die Landschaft hinter Mainz immer malerischer wurde. Wir erblickten zahlreiche Burgruinen, die in unzugänglichen Höhen am Rande von Schluchten standen. Henry kam es vor, als hätte man ihn ins Land der Feen entführt. „Sieh die Burg dort über dem Abgrund", rief er begeistert, „und jene dort auf einer Insel!"

Nach Köln erreichten wir die Ebenen Hollands, und wir beschlossen, den Rest des Weges per Postkutsche zu reisen. Nach ein paar Tagen kamen wir in Rotterdam an, von wo aus wir nach England in See stachen.

Viktor und Henry reisten auf derselben Strecke, auf der Mary, Percy und Claire im Spätsommer 1814 nach London zurückgekehrt waren. Folglich segelten die beiden an der Burg Frankenstein vorbei, die rund 15 Kilometer Luftlinie vom Rheinhafen Gernsheim entfernt liegt (Die Leser meines Buches „Wo das Reich der Nibelungen verborgen liegt" kennen Gernsheim bereits: Dort hat Hagen von Tronje den Schatz der Nibelungen in den Fluten des Rheins versenkt). Damit taucht eine Frage auf, die seit Jahrzehnten heiß diskutiert wird: Besteht ein Zusammenhang zwischen der Burg Frankenstein und dem Roman „Frankenstein"? Hat Mary den Namen zufällig im Vorbeifahren aufgeschnappt oder gibt es mysteriöse Hintergründe, die sie bewogen haben, ihren Wissenschaftler ganz bewusst „Frankenstein" zu nennen?

Halten wir uns zunächst an die Fakten. Im Roman selbst finden wir keinen einzigen Hinweis auf die Burg Frankenstein. Viktor und Henry schwärmen zwar von den Burgen im Rheindurchbruch zwischen Mainz und Koblenz, aber die Burg Frankenstein liegt davor. Offenbar sind die beiden achtlos vorbeigesegelt. Nicht viel besser ergeht es uns bei Marys Reisebericht „Flucht aus England", ihrem Tagebuch und Claires Tagebuch. Alle drei Quellen erwähnen die Burg Frankenstein mit keiner Silbe. Trotzdem gilt diese imposante Ruine heute als die einzig wahre und echte Burg Frankenstein, als „real home of the monster". Warum?

Bis kurz nach dem Zweiten Weltkrieg kam niemand auf die Idee, die Burg Frankenstein mit Mary Shelleys Roman in Verbindung zu bringen. Die Deutschen interessierten sich nämlich nicht besonders für diese Schauergeschichte. Während „Frankenstein" bereits 1823, also fünf Jahre nach dem Erscheinen, in England seinen Siegeszug antrat und bald auch die Amerikaner in helle Begeisterung versetzte, erschien die erste deutsche Übersetzung erst 1912 (zum Vergleich: die erste französische Übersetzung kam schon 1821 heraus). So überrascht es kaum, dass in Deutschland niemand die Burg Frankenstein beachtete, die bereits 1662 aufgegeben worden war und seither still vor sich hin bröckelte.

Dies sollte sich schlagartig ändern, als nach dem Zweiten Weltkrieg amerikanische Soldaten im nahegelegenen Darmstadt stationiert wurden. Wie es der Zufall so wollte, suchten sie Räumlichkeiten für eine Halloween-Radiosendung und siehe da: Nicht weit

Rechte Seite:
Die „echte" Burg Frankenstein bei Mühltal, nahe Darmstadt (Deutschland)
Gibt es einen Zusammenhang zwischen der Burg Frankenstein und dem Roman „Frankenstein"? Bei dieser Frage scheiden sich die Geister.

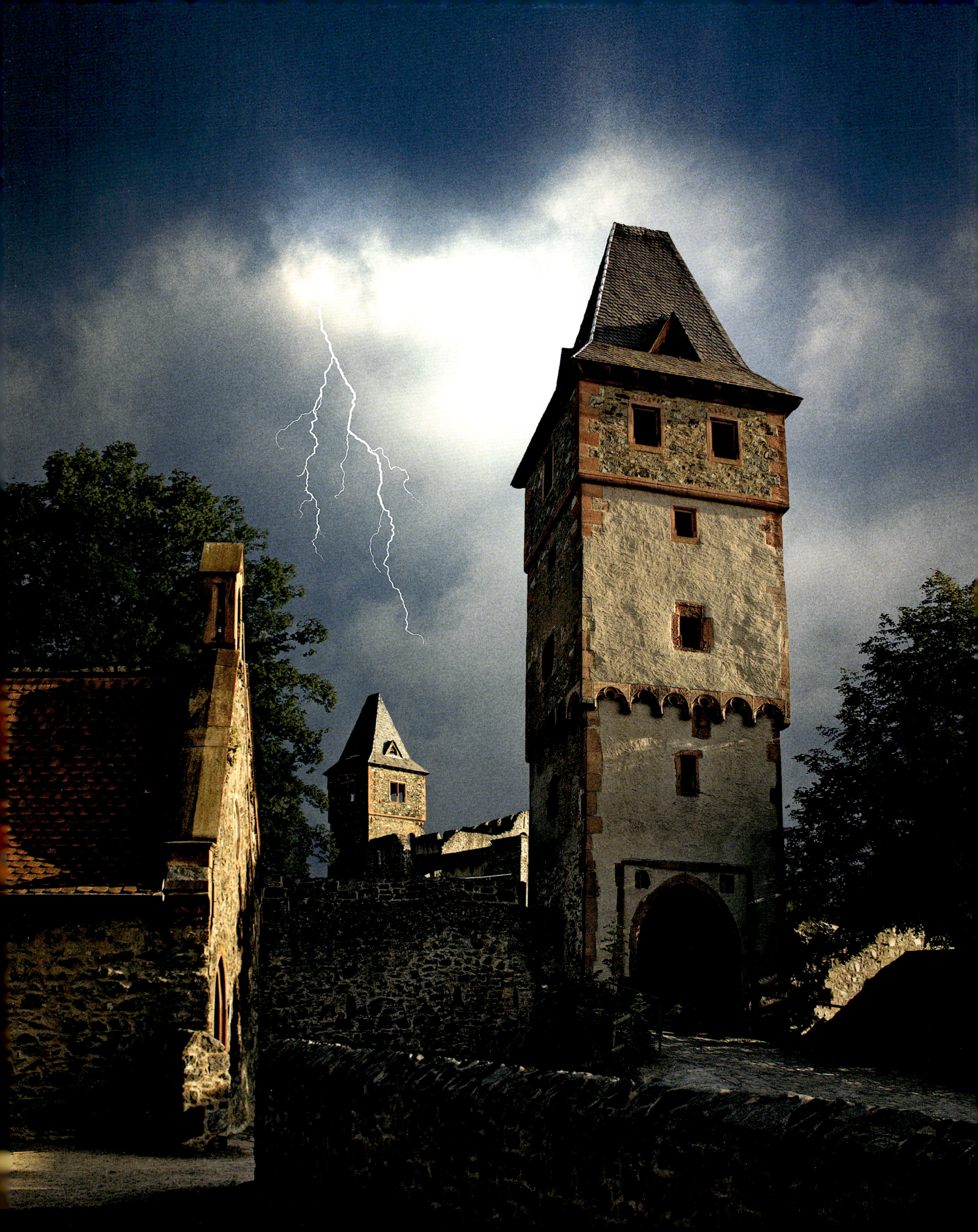

entfernt lag die Burg Frankenstein! Jeder US-Soldat kannte natürlich die Geschichte von Frankenstein und seinem Monster. Gab es einen besseren Ort für eine Live-Sondersendung? Ob ein wissenschaftlicher Beweis für einen Zusammenhang mit dem Roman „Frankenstein" existierte, war den Soldaten egal, zumal die Burg ohnehin mit einer Reihe gruseliger Legenden aufwarten konnte. Etwa 600 Meter von der Ruine entfernt liegen mitten im Wald unzählige Magnetsteine. Ihre Strahlung ist so stark, dass sie sogar die Kompassnadeln von Flugzeugen irritieren, weshalb es kein Pilot wagt, dieses Gebiet zu überfliegen. Aber wie ist ein so starker Magnetismus möglich? Bereits im Mittelalter fand man eine einleuchtende Erklärung: Es müssen Hexen gewesen sein, die die Steine magnetisch aufgeladen haben! Tatsächlich ist der Frankenstein – nach dem Brocken – heute der beliebteste Hexen-Treffpunkt. Unmittelbar neben der Burg liegt ein Hexen-Tanzplatz im Wald, wo alljährlich in der Walpurgisnacht moderne Hexen zusammenkommen und wilde Tänze aufführen. Daneben befindet sich ein Jungbrunnen, einst ein keltisches Heiligtum.

Außerdem trieb früher ein blutrünstiger Drache hier sein Unwesen. Diese Sage wurde von niemand geringerem als Jacob und Wilhelm Grimm niedergeschrieben und sei kurz zusammengefasst: Zu Frankenstein, einem alten Schlosse unweit von Darmstadt, lebten vor langer Zeit drei Brüder. Der eine von ihnen hieß Georg von Frankenstein, und man sieht noch heute auf seinem Grabmal, wie er auf einem Lindwurm steht. Unten im Dorf floss ein Brunnen, aus dem sowohl die Leute im Dorf wie auch aus dem Schloss

Magnetstein bei der Burg Frankenstein
Diese Steine wurden von Hexen magnetisch aufgeladen, behauptet eine Sage.

Oben links:
Osttor der Burg Frankenstein

Oben:
Jungbrunnen neben der Burg Frankenstein
Wer seine Jugend wiedererlangen wollte, besuchte diesen Jungbrunnen. Heute ist er leider ausgetrocknet.

Links:
Hexen-Tanzplatz bei der Burg Frankenstein
In der Walpurgisnacht treffen sich hier die Hexen, um wilde Tänze aufzuführen.

Kirche von Nieder-Beerbach (Deutschland)
Wer auf Frankensteins Spuren wandelt, darf sich diese Kirche nicht entgehen lassen. Hier befinden sich die Gräber von drei echten Frankensteinern.

Rechte Seite:
Grabmal von Georg von Frankenstein in der Kirche von Nieder-Beerbach (Deutschland)
Im Todeskampf stach der Drache mit seinem Schwanz den Ritter Georg in die ungeschützte Kniekehle, worauf der Ritter ebenfalls starb.

ihr Wasser holen mussten. Dicht neben dem Brunnen lauerte jedoch ein grässlicher Lindwurm. Die Leute konnten nicht anders Wasser schöpfen als dadurch, dass sie ihm täglich ein Schaf oder ein Rind brachten. Solange der Drache daran fraß, durften die Einwohner zum Brunnen. Um diesen Unfug zu beenden, beschloss Ritter Georg, den Kampf zu wagen. Lange stritt er, bis es ihm endlich gelang, dem Drachen den Kopf abzuhauen. Nun wollte er auch den Rumpf des Untiers, der noch zappelte, mit der Lanze durchstechen, da kringelte sich der spitze Schweif um des Ritters linkes Bein und stach ihn gerade in die Kniekehle, die einzige Stelle, welche der Panzer nicht deckte. Da der ganze Wurm giftig war, drang das Gift ins Blut ein und Georg von Frankenstein musste sein Leben lassen. (aus: Deutsche Sagen, 1. Band, Nr. 219: Der Lindwurm am Brunnen)

Dieses imposante Grabmal von Georg von Frankenstein († 1531) befindet sich in der Kirche von Nieder-Beerbach. Sie ist zwar in der Regel verschlossen, aber die Besucher können den Schlüssel beim Pfarramt in der Dorfmitte holen. An der Außenmauer der Kirche stehen auch die Grabdenkmäler von zwei weiteren Frankensteinern, nämlich Philipp dem Alten († 1443) und Anna Elisabeth († 1566). Sie alle gehörten zur jüngeren Familienlinie. Die Mitglieder der älteren Linie sind dagegen auf der Burg selbst bestattet, und zwar in der Kapelle, die dank der drei monumentalen Grabmäler wie eine Gruft wirkt.

Aber nun zurück zu Frankenstein. 1952 ging die erste Halloween-Radiosendung für amerikanische Soldaten über den Äther – live von der Burg Frankenstein! Drei Reporter berichteten voll Entsetzen von einer Monster-Erscheinung. Die Hörer glaubten den Schmäh, und sogar die Presse fiel darauf herein. So verwundert es nicht, dass die Burg Frankenstein das Interesse von Massenmedien und Wissenschaftlern weckte. 1976 fand schließlich die erste Halloween-Party auf der Burg statt. Der Erfolg übertraf alle Erwartungen! Die Organisatoren hatten mit rund 50 Besuchern gerechnet, tatsächlich stürmten 500 die Burg. Jahr für Jahr nahm der Besucherstrom zu, sodass dieses Fest bis heute die größte Halloween-Party Deutschlands ist. Die Halloween-Feiern auf der Burg trugen übrigens maßgeblich dazu bei, Halloween im deutschsprachigen Raum bekannt zu machen.

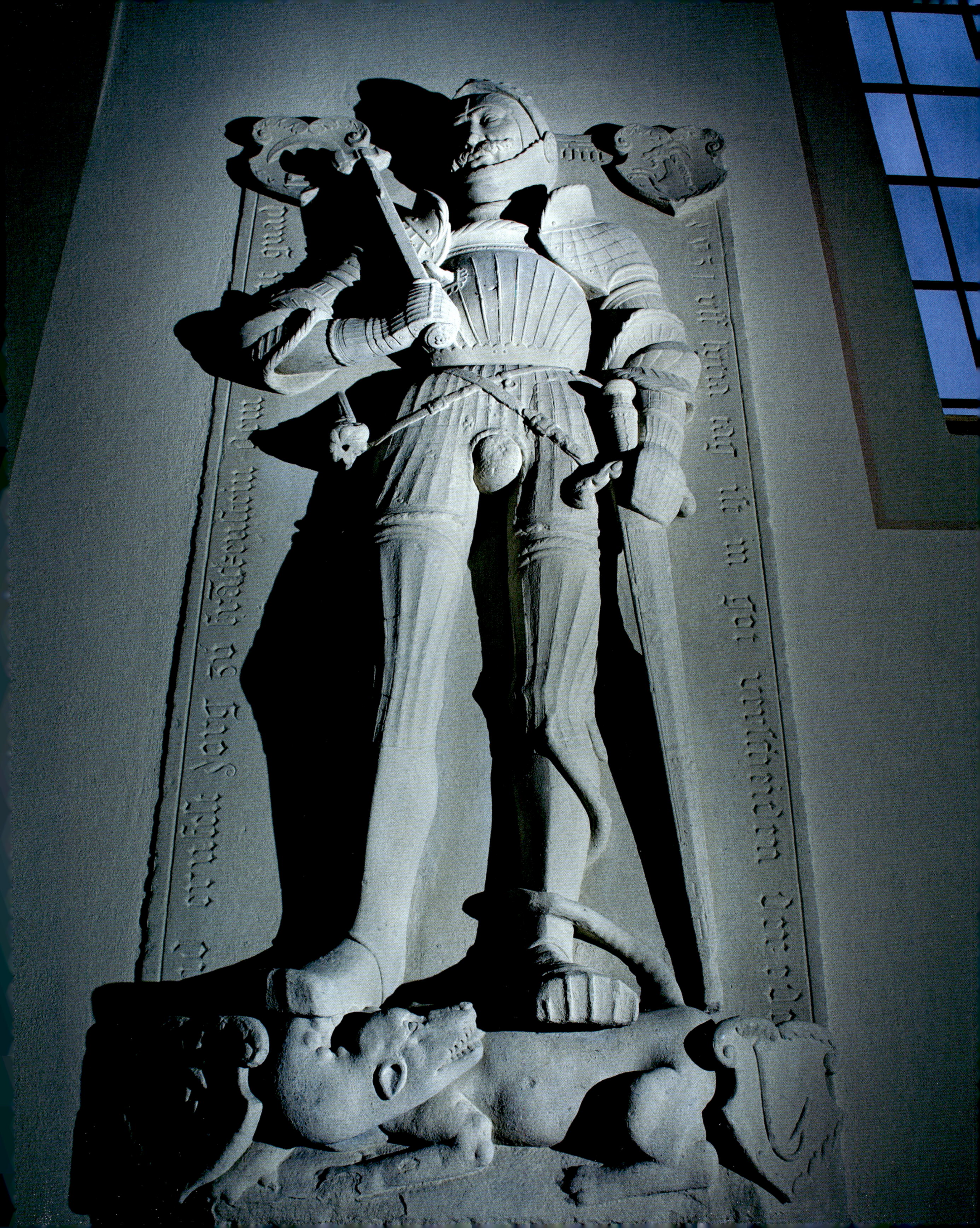

Johann Konrad Dippel

1962 tauchte die Theorie auf, das Leben des Alchemisten Johann Konrad Dippel hätte Mary Shelley dazu inspiriert, „Frankenstein" zu schreiben. Diesen Gedanken griff der amerikanische Historiker Radu Florescu auf, der sich zuvor gemeinsam mit Raymond T. McNally auf Draculas Spuren begeben hatte, wie die Leser meines Buches „Transsylvanien – Im Reich von Dracula" wissen. 1975 veröffentlichte Florescu sein Werk „In Search of Frankenstein", in dem er erstmals versuchte, einen wissenschaftlichen Beweis zu erbringen, dass es tatsächlich die Burg Frankenstein bei Darmstadt war, die Mary Shelley zu ihrem Schauerroman angeregt hatte. Denn die Konkurrenz schläft nicht. Die Konkurrenz, das sind die anderen Frankenstein-Burgen. So liegt nur etwa 80 Kilometer entfernt in der Pfalz eine weitere Burg Frankenstein oberhalb der Gemeinde Frankenstein. In Niederösterreich ragte ebenfalls eine Burg Frankenstein im Erlauftal empor, von der heute allerdings nicht einmal mehr die Grundmauern zu sehen sind. Dafür steht in Kärnten das Schloss Frankenstein. Welche ist nun die „echte" Burg Frankenstein, welche sind die „falschen"?

Um dies herauszufinden, analysiert Radu Florescu zunächst die Tagebücher von Mary und Claire. Danach legte das Postschiff am Freitag, den 2. September 1814, abends um 20 Uhr in Gernsheim an, segelte aber schon um 23 Uhr weiter. Drei Stunden sind zu kurz, um von Gernsheim zur Burg Frankenstein und wieder zurückzukommen, sogar mit einer Kutsche. Außerdem kann man die Burg mit freiem Auge von Gernsheim aus nicht sehen. Sollte Mary an der Burg Frankenstein vorübergesegelt sein, ohne sie zu bemerken? Nein, meint Florescu, und stellt eine kühne Behauptung auf: Mary und Claire hätten ihre Tagebücher nachträglich gefälscht, um die Spuren zu ihren Inspirationsquellen zu verwischen. In Wirklichkeit hätten sie sehr wohl die Burg Frankenstein besucht und bei dieser Gelegenheit eine sensationelle Geschichte erfahren: das Leben von Johann Konrad Dippel.

Dippel kam 1673 auf der Burg Frankenstein zur Welt und studierte später Philosophie, Theologie und Alchemie. Er führte ein unstetes Leben und landete immer wieder im Kerker, angeblich, weil er Leichen gestohlen hatte (wofür aber konkrete Beweise fehlen). Sobald er freikam, setzte er seine alchemistischen Experimente fort. Er selbst behauptete, das Lebenselixier gefunden zu haben und prahlte damit, er würde 135 Jahre leben. Ein Jahr später ereilte ihn – im Alter von 60 Jahren – der Tod.

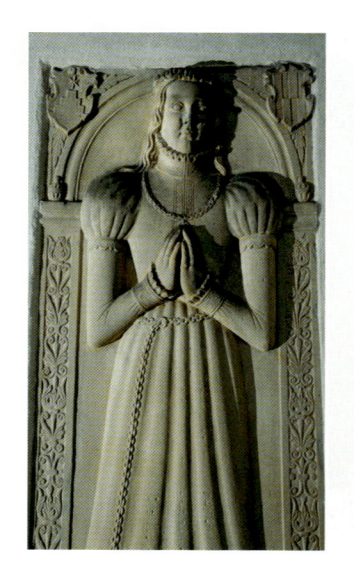

Johann Konrad Dippel
Einer eher unwahrscheinlichen Theorie zufolge soll dieser Alchemist als Vorbild für Frankenstein gedient haben.

Grabmäler von Anna Elisabeth von Frankenstein (links) und Philipp dem Alten von Frankenstein (rechts) an der Außenseite der Kirche von Nieder-Beerbach (Deutschland)

Florescu sieht gewisse Parallelen zwischen Dippels und Frankensteins Leben. Seine Schlussfolgerung: Dippel habe Mary als Vorbild für Frankenstein gedient. Diese Theorie steht allerdings auf wackeligen Beinen. Erstens starb Dippel 1734, also 80 Jahre, bevor Mary in diese Gegend kam. Ob man seine Lebensgeschichte 1814 immer noch herumerzählte? Selbst wenn ja, taucht gleich das nächste Problem auf: Mary sprach kein Wort Deutsch, Percy nur ein paar Brocken. Und überhaupt basiert die ganze Theorie auf der Spekulation, die Tagebücher seien gefälscht.

Diese Probleme löst Walter Scheele, Burgschreiber der Burg Frankenstein und persönlicher Freund von Radu Florescu, in seinem Buch „Burg Frankenstein. Eine europäische Geschichte". Zunächst erklärt Scheele, Mary habe ein geheimes Tagebuch geführt, das bis zum heutigen Tage erhalten geblieben sei. Darin beschreibe sie die Burg Frankenstein, mystisch-mächtig im Novembernebel. Somit liege ein klarer Beweis für Marys Besuch auf der Burg vor, behauptet Scheele. Nur eine Sache macht stutzig: Warum schreibt Mary vom Novembernebel, wo sie doch am 2. September in Gernsheim ankam? Leider ist es nicht möglich, dieses geheime Tagebuch genauer unter die Lupe zu nehmen, weil es sich angeblich im Besitz einer Schweizer Bankiersfamilie befindet, die es eisern unter Verschluss hält. Nur Walter Scheele und Radu Florescu hätten das seltene Privileg genossen, es einsehen zu dürfen.

Walter Scheele präsentiert aber noch einen zweiten angeblichen Beweis, nämlich einen Brief von Jacob Grimm an Marys Stiefmutter Mary Jane Clairmont: „Nach dieser Geschichte hat auf der Burg ein ‚Zauberer' gehaust, der Leichen von den Friedhöfen im Tal und an der Bergstraße stahl und aus den Teilen ein Monster schuf, das er ins Burggefängnis steckte. Eines trüben Novembertages ist es aus seinem Verlies ausgebrochen, hat seinen Erzeuger erschlagen und ist in die Wälder geflohen. Dort lebt es noch heute, einsam und als Feind aller Menschen." (aus: Burg Frankenstein, S. 114) Diese Sage liest sich wie eine Zusammenfassung von „Frankenstein" und wäre somit der beste Beweis für eine direkte Verbindung zwischen der Burg und dem Roman, wenn der ominöse Brief nicht dummerweise verschollen wäre. Früher soll er sich in

Kapelle auf der Burg Frankenstein
In dieser Kapelle befinden sich weitere Grabmäler der echten Frankensteiner.

Grabmal von Philipp Ludwig von Frankenstein in der Kapelle der Burg Frankenstein

Tagebuch und dem Grimm-Brief. Auf seiner Homepage www.eberstadt-frankenstein.de/frankenstein fährt er schwere Geschütze auf. Besonders empfehlenswert sind die beiden Artikel „Any monsters at home?" von Michael Müller und „Ursprung der Monsterlegende (Konstruktion eines Mythos)" von Jörg Heléne, die man als PDF-Datei herunterladen kann. Darin findet man eine lange Reihe von schwerwiegenden Gegenargumenten. Es würde hier zu weit führen, die vielen Zweifel im Detail zu erörtern. Fakt ist, dass sich weder die Fälschung der Tagebücher noch die Existenz eines geheimen Tagebuches noch der Grimm-Brief in irgendeiner Form beweisen lassen. Jörg Heléne kommt deshalb zum Schluss, dass die Thesen von Florescu und Scheele nicht umstritten, sondern tatsächlich widerlegt sind. Anders ausgedrückt: Es fehlt jede gesicherte Verbindung zwischen der Burg Frankenstein und dem Roman!

britischem Privatbesitz befunden haben, und Walter Scheele gehörte abermals zum erlauchten Kreis der Privilegierten, die den Originalbrief lesen durften. Doch wo er sich heute befindet, darüber kann Scheele keine Angaben machen. Wer mein Buch „Die fantastische Welt der Brüder Grimm" kennt, weiß allerdings, dass Jacob Grimm ein äußerst penibler Sprachwissenschaftler war. Er hätte niemals einen Brief mit einer Sage verschickt, ohne vorher eine Abschrift zu machen. Gäbe es diese Sage, so müsste sich eine Kopie im Nachlass der Brüder Grimm befinden – was aber nicht der Fall ist.

Der Geschichtsverein Eberstadt-Frankenstein lässt kein gutes Haar an der Dippel-Theorie, dem geheimen

Wie Mary Shelley ihren Roman "Frankenstein" erschuf

Wie wir gesehen haben, lösen sich scheinbare Beweise bei einer näheren Überprüfung sehr schnell in Luft auf. Trotzdem besitzen wir eine Reihe von Indizien, mit denen wir nun – wie ein Detektiv – die Entstehung des Romans „Frankenstein" rekonstruieren können. Auch wenn harte Fakten oft fehlen, lassen sich doch plausible Vermutungen anstellen, was Mary zu ihrer Geschichte inspiriert hat.

Als Mary in jungen Jahren noch zuhause bei ihrem Vater wohnte, kamen manchmal prominente Gäste zu

Besuch. Einer von ihnen war Humphry Davy, ein berühmter Chemiker. Er berichtete Godwin regelmäßig von neuen naturwissenschaftlichen Entdeckungen. So dürfte Mary von Franklins Erfindung des Blitzableiters erfahren haben. Heute lässt sich die überwältigende Bedeutung dieser Entdeckung kaum abschätzen. Aus jetziger Sicht erscheint beispielsweise die Erfindung der Batterie als mindestens ebenso bedeutsam wie die Erfindung des Blitzableiters. Kein Auto fährt ohne Batterie, kein Handy funktioniert ohne Akku. So gesehen war Alessandro Volta ein ebenso genialer Erfinder wie Benjamin Franklin. Ganz anders dagegen die Einschätzung um das Jahr 1814 herum. Damals dienten Batterien nur den Wissenschaftlern für ihre Experimente. Der Blitzableiter dagegen schützte jeden, der ihn auf seinem Haus montierte. Er verhinderte aber nicht nur Schäden, sondern gab den Menschen auch ein Gefühl der Sicherheit. Vorher musste jeder um sein Leben bangen, sobald er dunkle Gewitterwolken aufziehen sah. Jetzt konnte man sich dank des Blitzableiters beruhigt zurücklehnen. Deshalb galt Franklin als echter Held, als Star unter den Wissenschaftlern.

Es gibt aber noch einen zweiten Grund, der ihn für Mary sympathisch machte. Nach seiner Karriere als Wissenschaftler schlug Franklin die politische Laufbahn ein, gehörte zu den Gründungsvätern der USA, unterzeichnete 1776 die Unabhängigkeitserklärung und beteiligte sich an der Ausarbeitung der Verfassung. Noch heute ziert sein Porträt die 100-Dollar-Note, ein Zeichen für seine überragenden Verdienste. Kurzum: Franklin bekämpfte die verhasste Monarchie und trat stattdessen für Demokratie und Menschen-

Grabmäler in der Kapelle der Burg Frankenstein
Hans IV. von Frankenstein und seine Frau Irmela (links) sowie Skulptur über dem Grabmal von Ludwig IV. von Frankenstein und seiner Frau Katharina (unten)

rechte ein – ganz im Sinne von Godwin und Mary. Im Vorwort zur 3. Auflage von „Frankenstein" gesteht Mary: „dass ich … schon frühzeitig in meinem Leben auch selbst ans Schreiben dachte." Und wer sollte der Held ihrer Geschichte sein? Natürlich ein Wissenschaftler vom Format eines Benjamin Franklin! Aber welche Erfindung würde ihr Wissenschaftler machen? Da streikte ihre Fantasie und die zündende Idee blieb vorerst aus.

Wer sich heute näher mit „Frankenstein" beschäftigt, stößt schnell auf eine lange, lange Liste von möglichen Vorbildern. Hier eine kleine Auswahl: Johann Konrad Dippel, Luigi Galvani, Giovanni Aldini, Erasmus Darwin, Humphry Davy, Andrew Ure, James Lind, Albrecht von Haller, Johann Friedrich Blumenbach, Georg Ernst Stahl und Franz Anton Mesmer. Es wäre müßig, näher auf die letztgenannten Forscher einzugehen. Die meisten von ihnen führten einfach galvanische Experimente durch oder setzten Elektrizität zur Heilung von Krankheiten ein. Aber wir finden weder im Roman noch in Marys Tagebüchern den leisesten Hinweis. Ganz anders bei Franklin. Zu ihm führen drei Spuren: Erstens das Drachenexperiment, das Mary in der 1. Auflage von „Frankenstein" erwähnt: „Dann bastelte er auch noch einen Drachen mit Draht und Schnur, …" (Seite 35) Zweitens wurde Franklin auch „neuer Prometheus" genannt. Mary könnte ihren Untertitel „Der moderne Prometheus" doppeldeutig gemeint haben: Einerseits als Anspielung auf Ovids „Metamorphosen", andererseits als versteckter Hinweis auf Franklin. Drittens fällt die Ähnlichkeit der Namen Franklin-Frankenstein auf.

Am 2. September 1814 kamen Mary, Percy und Claire in die Nähe der Burg Frankenstein. An jenem Morgen unterhielten sich die drei an Bord des Postschiffs mit dem Bootsmann; „sein französischer Wortschatz bestand beinahe ausschließlich aus dem Begriff seulement", beschreibt Mary in ihrem Reisebericht „Flucht aus England" (Seite 46). Es gab also einen Bootsmann, mit dem sich die drei auf Französisch unterhielten. Nun darf man annehmen, dass dieser Bootsmann auch sonst mit den beiden jungen, hübschen Engländerinnen ins Gespräch kommen wollte. Sein französischer Wortschatz reichte zwar nicht für größere Erklärungen, aber er könnte den Touristen zumindest die Namen der Burgen gesagt haben. Von Gernsheim aus sieht man beispielsweise das mächtige Schloss Auerbach mit freiem Auge. Mary könnte nach dem Namen der imposanten Festung gefragt haben, und bei dieser Gelegenheit dürfte der Bootsmann auch die Burg Frankenstein erwähnt haben, die ein paar Hügel weiter links liegt, mit freiem Auge jedoch nicht zu sehen ist. Der Name Frankenstein gefiel Mary, weil er sie an Franklin erinnerte.

Um 20 Uhr legte das Schiff in Gernsheim an, doch die drei machten weder einen Ausflug zur Burg Frankenstein noch hörten sie etwas von Dippel. Ebenso wenig kannte Mary den vermeintlichen Brief von Jacob Grimm. Die größte Schwachstelle der Dippel-Grimm-Theorie liegt nämlich darin, dass sie eine entscheidende Frage nicht beantworten kann: Wenn Mary an diesem 2. September 1814 die Lebensgeschichte von Dippel erfahren hätte und zudem die Monster-Sage von Jacob Grimm kannte, warum fing

Rechte Seite:
Die „falsche" Burg Frankenstein oberhalb der Gemeinde Frankenstein (Rheinland-Pfalz, Deutschland)
Dieses Gemäuer gleicht einem vergessenen Juwel, das zweifellos einen Besuch wert ist.

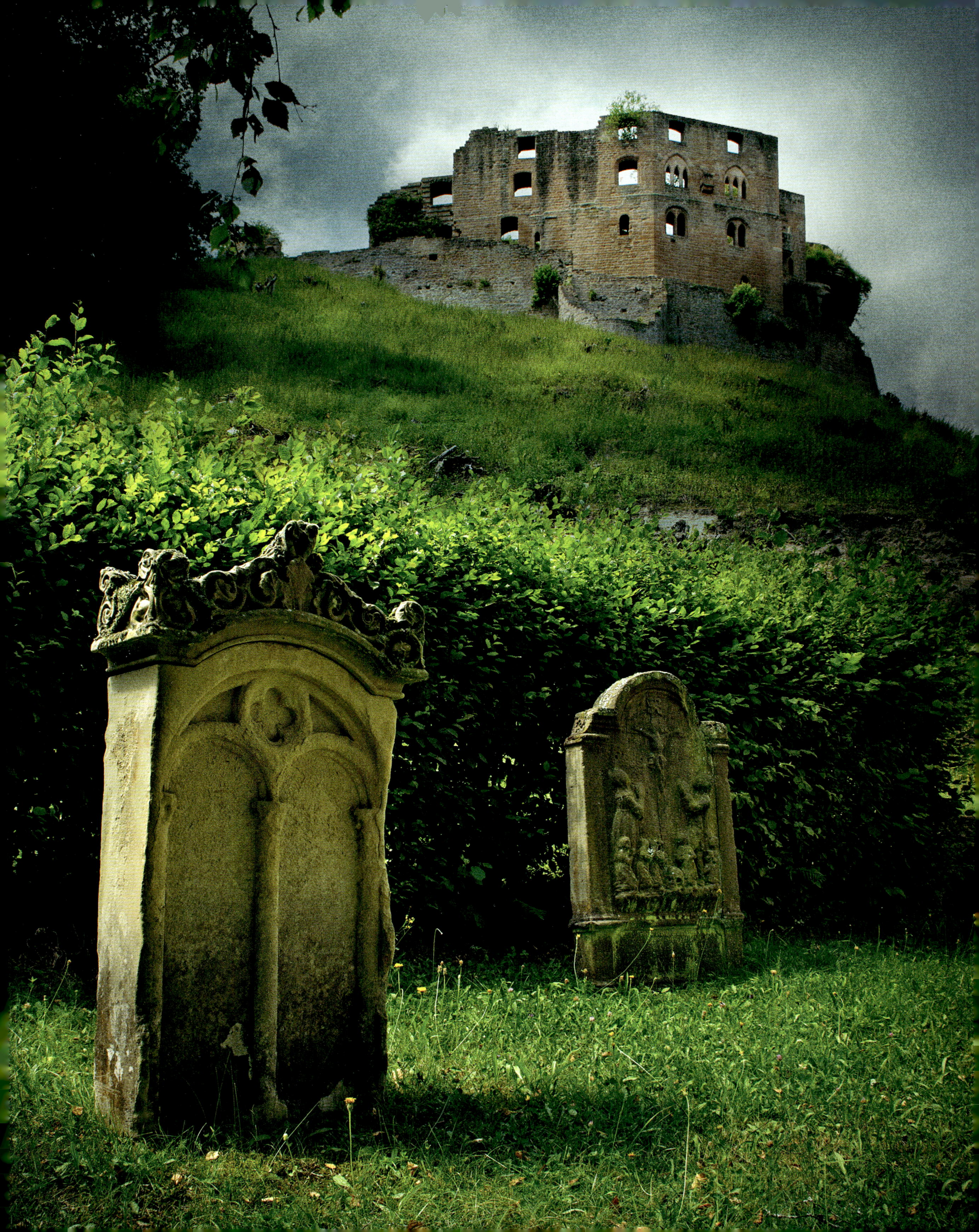

Die „falsche" Burg Frankenstein oberhalb der Gemeinde Frankenstein (Rheinland-Pfalz, Deutschland)
Direkt in den Felsen eingehauen, ragen die mächtigen Türme in den Himmel.

sie dann nicht gleich an zu schreiben? Warum wartete sie bis Juni 1816? Es ist ja nicht so, dass Mary im September 1814 keine schriftstellerischen Ambitionen gehabt hätte. Im Gegenteil: Nach ihrer abenteuerlichen Reise schrieb sie „Flucht aus England", ihr erstes Buch, das sie 1817 veröffentlichte – noch vor „Frankenstein". Wir sehen also, dass Mary sozusagen schon in den Startlöchern stand, um ihre Schriftsteller-Karriere zu beginnen. Die Monster-Sage hätte ihr ein perfektes Handlungsgerüst geliefert, das sie mit Dippels Biographie ausschmücken hätte können. Trotzdem brachte sie nichts derartiges zu Papier. Die einzig logische Erklärung lautet, dass sie nichts von Dippel und dem Grimm-Brief wusste.

1815 folgte das nächste prägende Erlebnis: Die Geburt und der frühe Tod ihrer ersten Tochter Clara, worauf Mary träumte, das Baby sei wieder lebendig. Als sich Percy und Byron dann im Juni 1816 über neue Möglichkeiten zur Wiederbelebung von Toten unterhielten, fiel es Mary wie Schuppen von den Augen, welche Erfindung ihr Wissenschaftler machen würde: einen Toten zum Leben erwecken! Aber wie? Im Vorwort zur 3. Auflage von „Frankenstein" schreibt Mary klipp und klar: durch Galvanismus oder die Experimente des Dr. Darwin. Von Alchemie oder einem Lebenselixier ist keine Rede.

Als Byron vorschlug, jeder solle selbst eine Geistergeschichte schreiben, machte Mary das, was jede gute Schriftstellerin tut: Sie stellte sich eine Person aus Fleisch und Blut vor, um den Charakter so realistisch wie möglich zu zeichnen. Und auf wen fiel ihre Wahl? Natürlich auf ihren geliebten Percy. Er ist das einzig wahre Vorbild für Viktor Frankenstein, denn die Ähnlichkeiten springen förmlich ins Auge. Dies erklärt auch, warum Frankenstein so kläglich scheitert. Mary hatte beobachtet, wie schon ihr Vater, aber auch Percy von einer freien Gesellschaft mit neuen, vernünftigen Menschen träumten. In der Realität kämpften sie – bis über beide Ohren verschuldet – ums tägliche Überleben. Für Mary stand fest: Die Utopie vom neuen Menschen war wie eine Seifenblase zerplatzt. Folglich konnte auch Frankensteins Experiment nur scheitern.

Die Einsamkeit des Monsters dagegen ist Marys eigene Einsamkeit. Vom Vater verstoßen, ohne Mutter, von einstigen Freunden gemieden, spitzte sich die Situation zu, als Mary hochschwanger war, die Wohnung nicht mehr verlassen konnte und alleine zurückblieb, während der stets umtriebige Percy mit Claire loszog. Wenn das Monster über seine schreckliche Einsamkeit klagt, spürt der Leser, wie Marys eigener Schmerz in den Worten mitschwingt. Im Roman selbst ist die Sehnsucht nach Liebe ein beherrschendes Thema, das erst später durch Theaterstücke und Filme von den Themen „verrückter Wissenschaftler" und „Erschaffung künstlichen Lebens" in den Hintergrund gedrängt wurde. Mary baute geschickt ihre eigenen Erlebnisse und Lebensstationen in den Roman ein: Genf, der Ausflug nach Chamonix, die Wanderung zum Mer de Glace, die Fahrt auf dem Rhein, London und schließlich Schottland – alles Örtlichkeiten, die sie selbst kannte. Wir sehen, dass „Frankenstein" keineswegs ein reines Fantasieprodukt ist, wie es auf den ersten Blick erscheint. Mary brauchte nur ein paar wenige Anregungen von außen, wie den Wissenschaftler als Hauptfigur und die Erschaffung eines künstlichen Menschen, der Rest ergab sich aus ihrer eigenen Lebensgeschichte.

Die „falsche" Burg Frankenstein oberhalb der Gemeinde Frankenstein (Rheinland-Pfalz, Deutschland)
Könnten die Mauern erzählen, so würden sie von verborgenen Schätzen berichten.

Die Braut des Monsters

Viktor schilderte Kapitän Walton die dramatischen Ereignisse, die nun folgen sollten: Henry Clerval und ich erreichten schließlich London, wo ich die bedeutendsten Naturwissenschaftler aufsuchte, um Informationen für mein kühnes Vorhaben zu sammeln. Nach fünf Monaten reisten wir nach Schottland, denn ich hatte mich entschlossen, mein Werk in einem abgelegenen Winkel zu vollenden. Die ganze Zeit über quälte mich die Vorstellung, das Monster könnte uns verfolgen und jeden meiner Schritte beobachten. War der Dämon in der Schweiz geblieben oder hatte er sich unbemerkt an unsere Fersen geheftet? Ich litt unter einem regelrechten Verfolgungswahn, der mich nicht zur Ruhe kommen ließ.

In Perth trennte ich mich von Clerval, durchquerte allein die Highlands und setzte mit einem Boot zu einer der entlegensten Inseln der Orkneys über. Dort mietete ich eine schäbige Hütte und machte mich sofort an die Arbeit. Doch während ich eine Braut für das Monster zusammenflickte, fing ich an, über die Folgen meines Tuns nachzudenken. Vielleicht würde dieses Wesen zehntausendmal bösartiger als sein Gefährte? Vielleicht würde es ihn ohnehin hassen? Vielleicht würden die beiden nicht in der Wildnis Südamerikas verschwinden, sondern eine ganze Generation kleiner Monster zeugen, um die Menschheit zu vernichten?

Plötzlich wurde mir der ungeheure Wahnsinn meines Tuns bewusst und bebend vor Zorn riss ich das Ding in Stücke. Im selben Augenblick flog die Tür auf und das Monster erschien. Es war mir tatsächlich hierher gefolgt! „Ich werde solches Leid über dich bringen", schrie es rasend vor Wut, „dass dir selbst das Tageslicht verhasst sein wird. In deiner Hochzeitsnacht werde ich bei dir sein!" Ich wollte mich auf es stürzen, doch es verschwand blitzschnell und ruderte mit einem Boot davon.

Ich blieb noch zwei Tage auf der Insel, verpackte meine Instrumente und warf die Reste der unvollendeten Kreatur in einen Korb, den ich zusätzlich mit Steinen beschwerte. In der Nacht stieg ich in ein kleines Boot, segelte aufs Meer hinaus und versenkte den Korb in den

Slains Castle in Aberdeenshire (Schottland)
Auf einer entlegenen Insel in Schottland wollte Frankenstein eine Braut für das Monster erschaffen.

Fluten. Völlig erschöpft schlief ich ein. Als ich wieder erwachte, sah ich eine Küste vor mir und steuerte auf den Hafen einer kleinen Stadt zu. Doch als ich an Land ging, wurde ich sofort verhaftet. Schließlich kam ein Richter, der mich aufklärte: Der Wind hatte mich an die Küste Irlands getrieben, wo man heute Morgen die Leiche eines jungen Mannes entdeckt hatte, der erwürgt worden war. Nun verdächtigte man mich der Tat. Der Richter führte mich zu dem Toten. Niemand kann sich meine Seelenqualen vorstellen, als ich den leblosen Körper Henry Clervals vor mir liegen sah. Vor lauter Aufregung erkrankte ich an einem Fieber und lag zwei Monate an der Schwelle des Todes.

Nachdem ich mich erholt hatte, gelang es mir zum Glück, meine Unschuld zu beweisen. Der Richter ließ mich frei, und ich machte mich auf den Weg zurück nach Genf. Tausend Empfindungen stürmten auf mich ein, sodass ich jede Nacht Laudanum trank, um ein wenig Ruhe zu finden.

Kaum war ich wieder zuhause, traf mein Vater alle Vorbereitungen für die Hochzeit mit Elisabeth. Er kaufte sogar ein Haus in Cologny für uns (genau dort hatten Mary und Percy im Maison Chappuis gewohnt). Doch ich konnte die Drohung des Monsters nicht vergessen: „In deiner Hochzeitsnacht werde ich bei dir sein!" Deshalb trug ich ständig Pistolen und einen Dolch bei mir. Als der große Tag gekommen war, feierten wir nach der Trauung, doch als die Nacht anbrach, verließ ich Elisabeth, um mich allein dem Monster zu stellen. Ich lief unruhig auf und ab, als plötzlich ein markerschütternder Schrei aus dem Schlafzimmer drang. Ich stürzte hinein. Da lag Elisabeth regungslos auf dem Bett, ihr Kopf hing herab und ihre bleichen, verzerrten Gesichtszüge wurden zum Teil durch ihr Haar verdeckt. Als mein Vater von ihrem Tod erfuhr, erlitt er einen Schlaganfall und starb nach wenigen Tagen. Nun erwachte der Rachedurst in mir: Ich würde das Monster zu Tode hetzen! Immer wieder fand ich Hinweise, die es mir absichtlich hinterlassen hatte, damit ich seiner Spur folgen konnte. Zuerst von Genf ans Mittelmeer, von dort mit dem Schiff zum Schwarzen Meer, durch die russische Steppe nach Norden und schließlich hierher in die Arktis. Als ich das Monster beinahe eingeholt hatte, zerbrach das Eis und ich trieb auf einer Scholle hierher zu diesem Schiff.

Cliffs of Moher mit O'Brien's Tower (Irland)
Der Wind trieb Frankenstein an die Küste Irlands, wo man ihn sofort des Mordes an einem jungen Mann verdächtigte.

Das Ende eines Traums

Hier beendete Frankenstein seine Geschichte, die er Kapitän Walton erzählt hatte. Just in diesem Augenblick drohte auf dem Schiff eine Meuterei auszubrechen. Das Packeis umschloss das Schiff, und die Mannschaft forderte eine sofortige Umkehr. Da erwachten in Frankenstein wieder die Lebensgeister, er sprang auf und hielt ein flammendes Plädoyer: Sie müssten die Reise fortsetzen, selbst wenn es vielleicht allen das Leben koste, aber vielleicht gelänge ihnen auch eine bahnbrechende neue Entdeckung! Danach sank er kraftlos nieder und verstarb bald darauf. Unschlüssig überlegte Kapitän Walton, was er nun tun sollte, als er plötzlich um Mitternacht Geräusche aus jener Kajüte hörte, wo Frankensteins sterbliche Überreste lagen. Neugierig öffnete er die Tür. „Nie habe ich etwas so Entsetzliches wie sein Gesicht gesehen", schrieb Walton später an seine Schwester, „etwas derart Abscheuliches und gleichzeitig erschreckend Bösartiges."

Walton hatte das Monster überrascht, wie es sich über seinen toten Schöpfer beugte. Ein letztes Mal sinnierte es über sein einsames, trauriges Leben, ehe es verkündete: „Ich werde dein Schiff auf der Eisscholle verlassen, die mich hergebracht hat, und werde den nördlichsten Punkt der Erdkugel aufsuchen. Ich werde meinen Scheiterhaufen errichten und diesen elenden Körper zu Asche verbrennen, sodass seine Überreste keinem neugierigen und ruchlosen Schurken als Hinweis dienen können, um ein zweites Wesen wie mich zu erschaffen. Ich werde sterben." Danach sprang es aus dem Kajütenfenster auf die Eisscholle, die dicht am Schiff lag. Es wurde rasch von den Wellen fortgetrieben und verschwand in der Finsternis und der Ferne. Kapitän Walton dagegen befahl, das Schiff zu wenden. (Damit endet der Roman. Ob sich das Monster am Nordpol tatsächlich auf einem Scheiterhaufen selbst verbrannte oder mangels Brennholz weiterlebte, bleibt offen.)

Das Leben nach "Frankenstein" (1818–1851)

Der Roman erschien am 1. Januar 1818, worauf es fast nur Verrisse hagelte. „Ein Wirrwarr aus grauenvollen und abscheulichen Absurditäten", urteilte The Quarterly Review. „… Könnte man ihn beinahe gottlos nennen" (The Belle Assemblée). „Es handelt sich jedoch um eines jener Werke, von denen wir, wenn wir sie gelesen haben, nicht wissen, warum sie geschrieben wurden" (The Edinburgh Magazine and Literary Miscellany). „Wir müssen wohl kaum noch erwähnen, dass diese Bände weder Prinzipien, Absichten noch Moral enthalten" (The British Critic). Lediglich Sir Walter Scott fand lobende Worte: „Im großen und ganzen hinterlässt das Werk bei uns einen vorzüglichen Eindruck vom originellen Geist und der erfreulichen Ausdruckskraft des Autors" (Blackwood's Edinburgh Magazine).

Konkrete Verkaufszahlen liegen nicht vor, aber noch heute können wir selbst in seriösen Shelley-Biographien lesen, „Frankenstein" habe sich vom Fleck weg als Bestseller entpuppt. Als Beweis dient ein Brief von Percys Freund Peacock. Im August 1818 schrieb er über das Buch: „Es scheint überall bekannt

Dom Santa Maria Assunta in Pisa (Italien)
Mary, Percy und Claire reisten 1818 nach Italien, wo sie auch Pisa besichtigten.

zu sein und gelesen zu werden." Tatsächlich dauerte es allerdings fünf Jahre, bis die 500 Exemplare der Erstauflage verkauft waren. Danach lehnte es der Verlag Lackington ab, eine 2. Auflage zu drucken. Sooo gut kann der Verkauf – auch für damalige Maßstäbe – also nicht gelaufen sein.

Zur selben Zeit, als „Frankenstein" auf den Markt kam, verschlechterte sich Percys Gesundheit. Er litt schon seit Jahren unter dem englischen Regen. Deshalb beschlossen er und Mary, sich endlich einen langgehegten Wunsch zu erfüllen und ins sonnige Italien überzusiedeln. Im März 1818 brach die kleine Gruppe auf: Mary, Percy, Claire (das unvermeidliche dritte Rad am Wagen), Clara Everina und William (Marys Kinder) sowie Allegra (Claires Tochter). Italien erschien nicht nur wegen seiner lieblichen Landschaft und seiner monumentalen Kunstwerke als Paradies, sondern auch wegen der billigen Preise. Hier konnten sich Mary und Percy einen bescheidenen Luxus gönnen. Gemeinsam mit Claire und den Kindern reisten sie von Mailand in die Toskana, weiter nach Venedig, Bologna, Rom und Neapel. Diese Zeit hätte die glücklichste in ihrem Leben sein können, doch leider gelang es ihnen nicht, ihren ständigen Begleiter, den Tod, abzuschütteln.

Mary Shelley
„Mir bleibt nur noch die Liebe zu den Toten", schrieb Mary im Alter von 27 Jahren.

Im September 1818 nahm er Clara Everina mit sich, im Juni 1819 holte er den kleinen William. Mary verfiel in schwerste Depressionen, die sie erst überwand, als am 12. November 1819 ihr viertes Kind, Percy Florence, zur Welt kam. Doch der Tod schlug weiterhin zu. Im April 1822 starb Claires Tochter Allegra, zwei Monate später erlitt Mary eine Fehlgeburt. Damit aber nicht genug. Im Juli unternahm Percy in der Bucht von La Spezia einen Ausflug mit seinem neuen Segelboot. Am 8. Juli stach er in Livorno trotz Sturmwarnung in See. Mary ahnte zunächst nichts Schlimmes, denn sie glaubte, ihr Mann sei wegen des Sturms in Livorno geblieben und würde besseres Wetter abwarten. Erst am 18. Juli erfuhr Mary, dass am Strand drei Leichen angeschwemmt worden waren. Leider sollten sich die schrecklichsten Befürchtungen bewahrheiten: Es waren Percy, sein Freund und ein Schiffsjunge. Wegen der Seuchengefahr wurden die drei an Ort und Stelle verbrannt. Danach ließ Mary die Asche ihres geliebten Percy auf dem protestantischen Friedhof in Rom beisetzen, wo sich auch das Grab des kleinen William befand. Von diesem Verlust sollte sich Mary Zeit ihres Lebens nie wieder erholen. Percy war ihre einzig wahre und große Liebe gewesen und sie beschloss, für den Rest ihres Lebens allein zu bleiben, obwohl sie später noch zweimal einen Heiratsantrag bekam. „Mir bleibt nur noch die Liebe zu den Toten", schrieb sie im Alter von 27 Jahren.

Der weltfremde Percy hatte natürlich kein Testament hinterlassen, sodass Mary keine Rente von ihrem reichen Schwiegervater bekam. Als ihr das Geld ausging, sah sie sich gezwungen, nach England zurückzukehren, während Claire nach einigen Umwegen in Wien landete, wo sie eine Stelle als Erzieherin antrat. Von nun an gingen die beiden Stiefschwestern getrennte Wege.

Rechts:
Shelleys Begräbnis
Wegen der Seuchengefahr wurde die Leiche des ertrunkenen Percy am Strand verbrannt.

Rechte Seite:
Drache vor dem Royal Court of Justice in London (England)
Nach Percys tragischem Tod kehrte Mary nach London zurück.

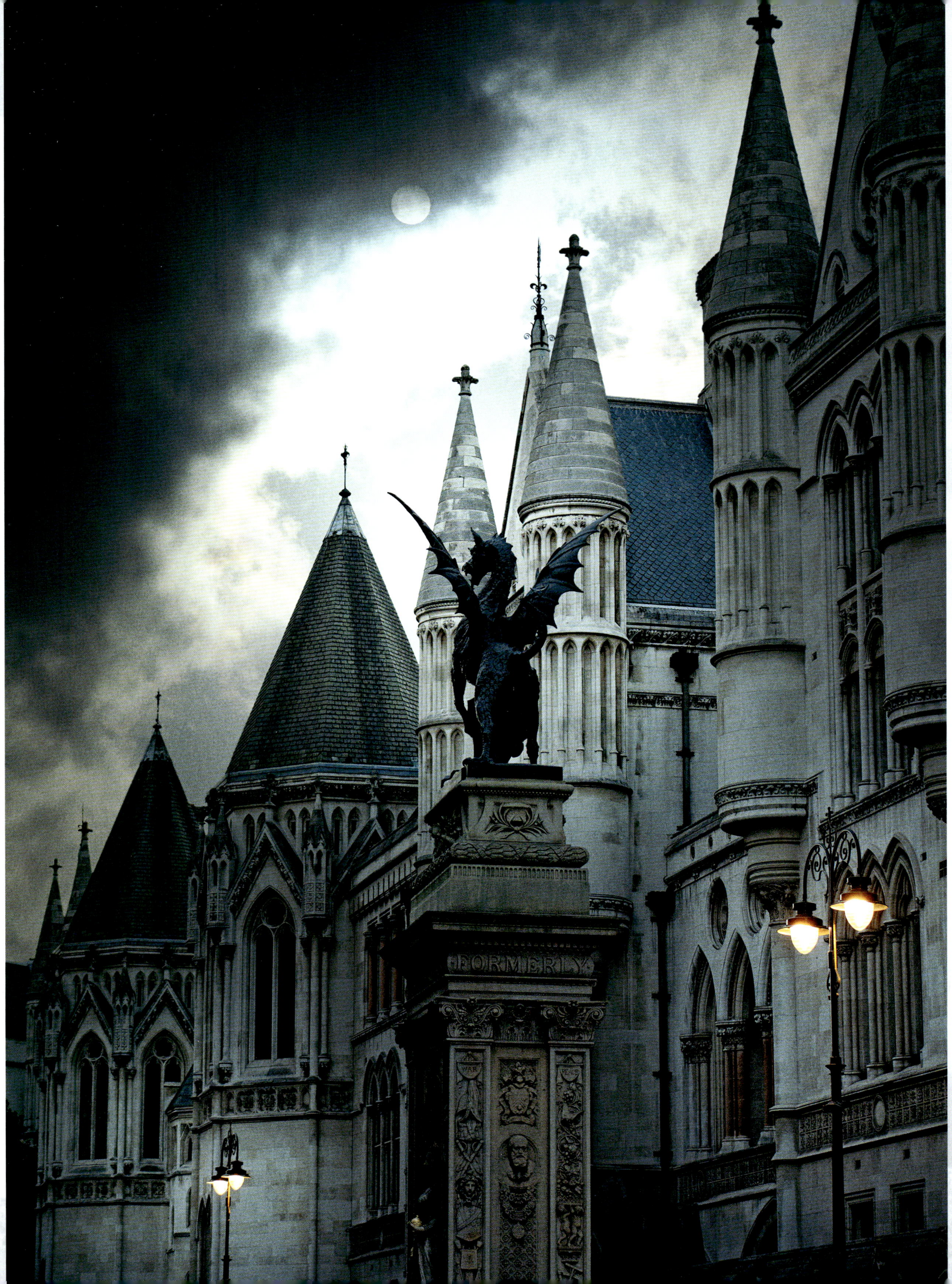
FORMERLY

Frankenstein auf der Bühne

Im August 1823 traf Mary mit ihrem Sohn Percy Florence in London ein, wo sie eine ordentliche Überraschung erlebte. Seit Juli führte das English Opera House ein neues Theaterstück auf, dessen Titel Mary nur allzu bekannt vorkam: „Anmaßung oder das Schicksal von Frankenstein". Was war passiert? In England gab es zu jener Zeit bereits ein Urheberrecht, allerdings ein sehr primitives, das ein Buch nur vor Raubdrucken schützte. Dagegen konnte ein Bühnenautor völlig ungestraft Marys Ideen klauen und auf der Grundlage ihres Romans ein Theaterstück schreiben. Als „Frankenstein" am 28. Juli 1823 seine Uraufführung erlebte, riefen konservative Kreise zu öffentlichen Demonstrationen gegen das Stück auf. Gibt es eine bessere Werbung? „Frankenstein" entpuppte sich als Überraschungserfolg und trat bald seinen Siegeszug in Europa und den USA an. 1825 kam das Stück in New York auf die Bühne, 1826 folgte die Premiere in Paris. Ab diesem Zeitpunkt gehörte „Frankenstein" zum fixen Theaterrepertoire in London, Edinburgh, Paris, Wien und New York, wobei verschiedene Autoren unterschiedliche Stücke schrieben.

Die Bühnenautoren nahmen radikale Vereinfachungen vor. Frankenstein trat als größenwahnsinniger Wissenschaftler auf und bekam einen Assistenten namens Fritz, später auch als Igor bezeichnet. Das Monster blieb stumm und böse, weshalb es am Schluss unweigerlich sterben musste. In manchen Bühnenfassungen wurde es von einer Lawine verschüttet, in anderen kam es in einem Feuer ums Leben oder stürzte in einen Vulkankrater. Wie diese Theaterstücke ausgesehen haben mögen, können wir heute recht gut anhand des Films „Frankenstein" von 1931 nachvollziehen, denn dieser Kinohit basiert ebenfalls auf einem Theaterstück, nicht auf Marys Original-Roman. Erst mit „Mary Shelley's Frankenstein" (von Kenneth Branagh, mit Robert De Niro als Monster; 1994) und „Frankenstein – Gehasst und gejagt" (Fernseh-Zweiteiler von Kevin Connor; 2004) entstanden zwei Filme, die sich eng an die Vorlage hielten.

Der enorme Erfolg der Theateraufführungen machte nicht nur Frankenstein, sondern auch Mary berühmt. Wegen des mangelhaften Urheberrechts verdiente sie allerdings keinen müden Penny. Im Gegenteil: Als sie am 29. August 1823 gemeinsam mit ihrem Vater eine Aufführung besuchte, musste sie wie jede Normalsterbliche Eintritt zahlen und saß völlig unerkannt inmitten der Zuschauer. „Doch siehe da! Ich stellte fest, dass ich berühmt bin!", schrieb sie eine Woche später. „Ich habe mich sehr amüsiert und anscheinend weckte es eine atemlose Spannung beim Publikum … niemand ging, bevor es zu Ende war. Sie spielen es immer noch." William Godwin, dessen Kinderbuchverlag ein Jahr zuvor pleite gegangen war, witterte sofort seine Chance. Noch im selben Jahr brachte er die 2. Auflage von „Frankenstein" heraus, wobei er „Mary W. Shelley" als Autorin angab. Ob er seiner Tochter auch ein Honorar zahlte, ist nicht bekannt.

Ohne festes Einkommen sah sich Mary gezwungen, ihren Schwiegervater anzubetteln. Nachdem ihr Sohn Percy Florence nun der zukünftige Alleinerbe des riesigen Shelley-Vermögens war, erklärte sich Sir

Timothy bereit, Mary großzügig zu unterstützen, falls sie ihren Sohn in seine Obhut gebe. Entrüstet lehnte Mary ab. Aus Rache gewährte ihr Sir Timothy nur eine „Hunger-Rente" von 100 Pfund jährlich. Als Percy Florence heranwuchs, wurde die Summe allerdings schrittweise erhöht, damit er gute Schulen besuchen konnte.

Am 19. April 1824 starb Lord Byron. Er war nach Griechenland gereist, um die Griechen in ihrem Freiheitskampf gegen die Türken zu unterstützen. In Tat und Wahrheit beteiligte er sich jedoch nie an irgendwelchen Kämpfen, sondern erkrankte an einem Fieber, worauf die Ärzte ihn zu Tode kurierten. Sie führten so oft einen Aderlass durch, bis Byron – wie von einem Vampir ausgesaugt – völlig blutleer dahinschied. Sofort bildeten sich Legenden, Byron sei im Kampf um die Freiheit gefallen, weshalb die Engländer ihn noch heute als Held verehren. An dieser Stelle sei auch erwähnt, dass John Polidori bereits am 27. August 1821 Selbstmord begangen hatte, wahrscheinlich wegen einer unglücklichen Liebesaffäre und hoher Spielschulden. Von den fünf Mitgliedern des „Villa-Diodati-Zirkels" überlebten somit nur Mary und Claire.

Mary versuchte, sich als freie Schriftstellerin durchzuschlagen und schrieb eine Reihe weiterer Romane, die heute allesamt in Vergessenheit geraten sind. In späteren Jahren veröffentlichte sie Percys Gedichte, wodurch sie ihm nach seinem Tode zu jenem Ruhm verhalf, der ihm Zeit seines Lebens versagt geblieben war. Ihr Sohn wuchs zu einem stattlichen jungen Mann heran, ohne jedoch das Genie seines Vaters

Richard-Löwenherz-Denkmal vor dem Parlament in London (England)
„Frankenstein" kam 1823 als Theaterstück auf die Bühne, wo es einen wahren Triumph erlebte.

Chester Square 24 in London (England)
In diesem Haus verbrachte Mary ihre letzten Lebensjahre. Inschrift der Plakette: „Mary Shelley, Autorin von Frankenstein, lebte hier 1846–1851"

zu besitzen. 1840 bis 1843 unternahm Mary mit ihm mehrere große Reisen durch Frankreich, Deutschland, die Schweiz und Italien, die sie ein wenig aus ihrer Melancholie rissen, an der sie seit Percys Tod litt.

Am 24. April 1844 starb Sir Timothy Shelley, sodass Percy Florence endlich sein Erbe antreten konnte. Von nun an lebten Mary und er frei von Geldsorgen. Vier Jahre später heiratete Percy Florence, während Mary 1846 in eine komfortable Wohnung am Chester Square 24 zog. Noch Ende 1850 bereiste sie Frankreich, Italien und die Schweiz. Nach ihrer Rückkehr verschlechterte sich ihr Gesundheitszustand dramatisch. Am 1. Februar 1851 starb sie und sollte – gemäß ihrem Wunsch – Seite an Seite mit ihren Eltern auf dem St.-Pancras-Friedhof in London beigesetzt werden. Percy und seine Frau waren mittlerweile jedoch – in der Hoffnung auf freundlicheres Wetter – an die Südküste Englands gezogen. Deshalb ließen sie Mary auf dem St.-Peters-Friedhof in Bournemouth bestatten. Um ihren letzten Wunsch zu erfüllen, wurden anschließend die sterblichen Überreste von Mary Wollstonecraft und William Godwin exhumiert und ebenfalls nach Bournemouth überführt, wo die drei gemeinsam ihre letzte Ruhe fanden.

Der verrückte Wissenschaftler

Bereits 1910 kam in den USA die erste Frankenstein-Verfilmung in die Kinos. Heute kann man den 16-minütigen Stummfilm im Internet genießen (Google-Stichwort: Frankenstein Film 1910). Weltweite Triumphe feierten jedoch erst die beiden späteren Kinofilme unter der Regie von James Whale: „Frankenstein" (1931) und „Frankensteins Braut" (1935), beide mit Boris Karloff. Danach ging es mit der Qualität der unzähligen Frankenstein-Filme steil bergab. Einziger Lichtblick: Die US-Fernsehserie „The Munsters" (1964–66) mit ihrem hintergründigen Humor. Im Kino setzte der Aufwärtstrend 1974 mit „Frankenstein Junior" (Regie: Mel Brooks) ein, gefolgt von „Mary Shelley's Frankenstein" (von Kenneth Branagh; 1994) und „Van Helsing" (von Stephen Sommers; 2004).

Worin liegt das Erfolgsgeheimnis? Mary greift in ihrem Roman einige Themen auf, die auch nach 200 Jahren nichts von ihrer Faszination und Aktualität verloren haben:

- Frankenstein erweckt einen Leichnam zum Leben und überwindet dadurch den Tod – ein uralter Wunschtraum der Menschen. Dass dieser Traum noch lange nicht ausgeträumt ist, zeigen jüngste Forschungen. Im August 2013 gelang es Spezialisten des Instituts für Molekulare Biotechnologie in Wien, künstliche „Mini-Hirne" zu erzeugen. Kaum ein Bericht darüber ließ nicht irgendwo das Wort „Frankenstein" fallen (z.B. „Frankenstein lässt grüßen", „Verwirklichung einer Frankenstein-Fantasie" etc.).

- Frankenstein gilt als Inbegriff des verrückt-genialen Wissenschaftlers, der frisch-fröhlich drauflos experimentiert, ohne an die Folgen zu denken. Erst beim zweiten Versuch, als er die Braut des Monsters erschaffen will, macht er sich Gedanken über die Konsequenzen und bricht das Experiment ab. Trotzdem ist er nicht wirklich geläutert, denn am Schluss hält er ein flammendes Plädoyer, Kapitän Walton möge seine Expedition fortsetzen. Mary erteilt diesem blinden Fortschrittsglauben eine klare Abfuhr: Sie lässt Walton umkehren, um das Leben seiner Männer zu schonen! Diese „fortschrittsfeindliche", oder sagen wir: „fortschrittskritische" Grundaussage des Romans traf den Publikumsgeschmack damals wie heute. Wie weit darf die Wissenschaft gehen? Darf sie alles machen, was möglich ist oder gibt es ethische Grenzen? Marys Antwort ist unmissverständlich: Wenn sich der Mensch anmaßt, Gott ins Handwerk zu pfuschen, wird er kläglich scheitern. In unserer Zeit löst vor allem die Gentechnologie bei vielen Menschen Unbehagen aus. Deshalb fällt in diesem Zusammenhang immer wieder der Name Frankenstein. Gentechnisch veränderte Tomaten genießen die zweifelhafte Ehre, auch „Frankenstein-Tomaten" genannt zu werden.

- Frankenstein lehnt jede Verantwortung ab. Er stößt sein Geschöpf zurück und überlässt es seinem Schicksal. Erst dadurch nimmt das Unglück seinen Lauf. Diese Kritik am verantwortungslosen Handeln bleibt ebenfalls zeitlos aktuell. Deshalb dürfte uns die Geschichte von Frankenstein und seinem Monster, das er nicht mehr los wird, auch in Zukunft erhalten bleiben.

Ehemaliges Grab von William Godwin auf dem St Pancras Cemetery in London (England)

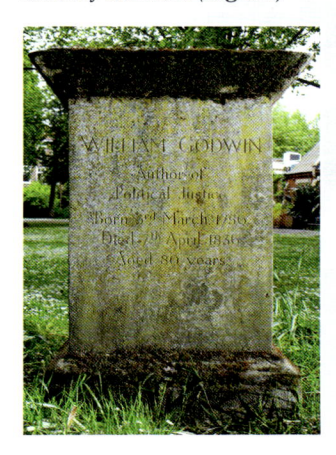

Grab von Mary Jane Clairmont auf dem St Pancras Cemetery in London (England)
Hier ruhen die Gebeine der Stiefmutter.

Links:
Grab von Mary Shelley auf dem St.-Peters-Friedhof in Bournemouth (England)
Hier fand Mary ihre letzte Ruhe, worauf auch die sterblichen Überreste ihrer Mutter und ihres Vaters hierher überführt wurden.

3. Teil

Ingolstadt, die Hochburg

der Illuminaten

Neues Schloss in Ingolstadt (Deutschland)
In Ingolstadt wurde 1776 der Geheimbund der Illuminaten gegründet.

Gaststätte Daniel in Ingolstadt (Deutschland)
Das älteste Gasthaus in Ingolstadt. Vermutlich hätte Frankenstein hier nach seiner Ankunft ein Quartier bezogen, ehe er eine Wohnung fand.

Der gefährlichste Geheimbund aller Zeiten

Als Mary Shelley „Frankenstein" schrieb, schöpfte sie die Ideen zum größten Teil aus ihren eigenen Erfahrungen. Mit einer Ausnahme: Ingolstadt. Warum ließ sie Viktor dort studieren? Sie selbst kam nicht einmal in die Nähe von Ingolstadt. Mit einem Blick in die Geschichte erkennen wir allerdings schnell, was diese Stadt so einzigartig und interessant macht: Dort wurde der Geheimbund der Illuminaten gegründet! Aber was hat „Frankenstein" mit den Illuminaten zu tun? Wie wir wissen, sympathisierte Percy mit dieser Bruderschaft und ermutigte die Iren, Geheimbünde nach dem Vorbild der Illuminaten zu gründen. Außerdem las Mary während ihrer ersten Reise durch die Schweiz ein Buch über die Illuminaten. Bestand eine geheime Verbindung zwischen Mary, Percy und der sagenumwobenen Bruderschaft? Um dieses Rätsel zu lösen, müssen wir zunächst in die geheimnisvolle Welt der Illuminaten eintauchen.

Seit über 200 Jahren gehört dieser Geheimbund zu den Lieblingen aller Verschwörungstheoretiker. Wenn eine Revolution ausbrach oder ein Attentat stattfand, tauchte sofort die Behauptung auf, dahinter stecke eine Verschwörung der Illuminaten. Heute verdanken sie ihre anhaltende Popularität in erster Linie dem Thriller „Illuminati" von Dan Brown. Dort erfährt der staunende Leser, dass der Geheimbund seit dem Mittelalter existiert, heute noch aktiv ist und zum großen Schlag gegen die katholische Kirche ausholt. Aber wurde der Illuminatenorden offiziell nicht bereits im Jahr 1785 verboten? Warum spukt er dann immer noch in den Köpfen der Verschwörungstheoretiker herum? Sollte Dan Brown recht haben? Sind die Illuminaten immer noch mitten unter uns oder ist alles nur ein Hirngespinst? Um Realität und Fiktion zu trennen, wollen wir uns nun näher mit der wahren Geschichte dieses undurchsichtigen Geheimbundes beschäftigen, wobei wir etwas weiter ausholen müssen, um den damaligen Zeitgeist zu verstehen.

Bis zum 16. Jahrhundert galt die Bibel als Quelle aller Wahrheiten: Gott hat die Erde und die Menschen erschaffen, die Erde steht im Mittelpunkt des Universums, alle Planeten und Sterne kreisen um die Erde etc. Im 16. Jahrhundert erschütterten jedoch erste Zweifel dieses Weltbild. 1543 behauptete Kopernikus, dass sich die Erde um die Sonne drehe, nicht umgekehrt. Zunächst gelang es der katholischen Kirche, alle Zweifel an den heiligen Wahrheiten der Bibel im Keim zu ersticken, indem sie Astronomen entweder auf dem Scheiterhaufen verbrannte (wie etwa Giordano Bruno) oder zum Widerruf zwang (wie Galileo Galilei). Trotzdem konnte Rom den Durchbruch der neuen wissenschaftlichen Erkenntnisse auf Dauer nicht verhindern, weil sich die protestantische und anglikanische Kirche wesentlich toleranter zeigten. Der Protestant Johannes Kepler konnte seine Berechnungen über die Laufbahn der Planeten ebenso ungehindert veröffentlichen wie der Engländer Isaac Newton seine Theorien über die Gravitationskraft. Damit leiteten sie zusammen mit einer Reihe weiterer Naturwissenschaftler das Zeitalter der Aufklärung ein, wo Vernunft und Wissenschaft an die Stelle des alten Aberglaubens und der kirchlichen Dogmen traten. Gleichzeitig zogen Philosophen wie Jean-Jacques Rousseau und John Locke den Machtanspruch der Monarchen in Zweifel. Früher redeten Könige und Kirche dem Volk ein, die Monarchie sei Gottes Wille („König von Gottes Gnaden"). Jetzt forderten die Aufklärer einen Gesellschaftsvertrag zwischen Herrscher und Untertanen, was nichts anderes als einen großen Schritt in Richtung Demokratie bedeutete.

Kreuztor in Ingolstadt (Deutschland)
Noch heute versetzt der mittelalterliche Stadtkern die Besucher in die Zeit der Illuminaten zurück.

So schnell gab sich die katholische Kirche aber nicht geschlagen. In ihrem Machtbereich sollte alles beim Alten bleiben, dafür sorgten Zensur und Verbote! Vor diesem Hintergrund können wir nun den Konflikt verstehen, der sich im 18. Jahrhundert an der Universität von Ingolstadt anbahnte, mitten im erzkatholischen Bayern. Seit über 200 Jahren unterrichteten hier die Jesuiten. Moderne Wissenschaft galt in ihren Augen als Teufelswerk und Ketzerei, sodass sie alle aufklärerischen Bücher verbannten. Gefangen in dieser geistigen Enge begann nun ein junger Mann sein Studium, der schon bald einen der berühmtesten Geheimbünde aller Zeiten gründen sollte: Adam Weishaupt (1748–1830). Schnell zeigte sich sein unersättlicher Wissensdurst und seine überragende Intelligenz. Bereits im Alter von 20 Jahren promovierte er zum Doktor der Rechte. Mit nur 24 Jahren wurde er zum Professor für Natur-, Völker- und Kirchenrecht ernannt, später folgten weitere Fächer.

Weishaupt betrachtete die borniertenJesuiten als seine natürlichen Todfeinde. Um Zugang zu verbotenen Büchern zu bekommen und um Gleichgesinnte

Oben:
Hohe Schule in Ingolstadt (Deutschland)
Hier unterrichtete Adam Weishaupt, der Gründer der Illuminaten.

Rechts:
Tafel an der Hohen Schule in Ingolstadt (Deutschland)
Die Hohe Schule war die älteste Universität Bayerns.

kennenzulernen, trat er deshalb den Freimaurern bei, aber sein mickriges Professorengehalt reichte nicht aus, um die hohen Mitgliedsbeiträge zu bezahlen. So flog er bei den Freimaurern ebenso schnell wieder hinaus, wie er eingetreten war. Nach diesem Desaster reifte in ihm ein kühner Plan: Er würde ganz einfach selbst einen Geheimbund gründen! Am 1. Mai 1776 kamen fünf Studenten in seine Wohnung, mit denen er feierlich den „Orden der Perfektibilisten" ins Leben rief. Einziger Schönheitsfehler: Der Name „Perfektibilisten" (von Perfektibilität = Vervollkommnungsfähigkeit) erwies sich als Zungenbrecher. Deshalb taufte Weishaupt seinen Geheimbund in „Orden der Illuminaten" um (vom lateinischen Illuminati = die Erleuchteten).

Der ursprüngliche Sinn und Zweck des Ordens bestand darin, den Studenten verbotene Literatur zugänglich zu machen – also kein Gedanke an Revolution, Umsturz oder dergleichen. Im Gegenteil: Das Ziel lautete persönliche Vervollkommnung. Durch Wissen und Vernunft sollten sich die Studenten zu besseren Menschen entwickeln, mit einer besseren Moral und einem besseren Charakter. Bei der Aufnahme mussten sie deshalb allem Hochmut, Stolz und Egoismus abschwören. Stattdessen standen Selbsterkenntnis und Beobachtung der Menschen im Vordergrund. Allerdings hegte Weishaupt durchaus die Hoffnung, dass die neuen, vernünftigen Menschen eines Tages Staaten, Fürsten und Könige überflüssig machen würden. Erinnert dieser Traum nicht stark an die Visionen von William Godwin, denen auch Mary und Percy nachhingen?

Wandbild an der Hohen Schule in Ingolstadt (Deutschland)
Die Jesuiten verteufelten die moderne Wissenschaft.

Da der Weg zum besseren Menschsein lang und beschwerlich ist, baute Weishaupt eine Hierarchie mit verschiedenen Rängen auf. Es würde hier zu weit führen, dieses System im Detail zu erläutern, deshalb sei das Prinzip nur kurz erklärt. Ein neues Mitglied trat zunächst als Novize in den Orden ein, musste keine Beiträge zahlen und konnte jederzeit wieder austreten. Der Novize bekam zahlreiche Bücher zu lesen und erhielt geheimen Unterricht, um neue Erkenntnisse zu gewinnen. Nach ein bis drei Jahren konnte er in den nächsthöheren Rang aufsteigen, den Minervalgrad (Minerva war die römische Göttin der Weisheit, ihr Begleittier die Eule. Deshalb wählte Weishaupt eine Eule, die ein geöffnetes Buch hält, als Symbol für die Illuminaten). Danach folgte der Grad des „Minerval illuminatus".

Eine besondere Herausforderung bestand natürlich in der Geheimhaltung. In diesem Punkt unterschieden sich die Illuminaten grundlegend von anderen Bruderschaften wie etwa den Freimaurern, deren Existenz allgemein bekannt war. Nur die Namen der Mitglieder blieben unter Verschluss. Man könnte die Freimaurerei somit als „offenes Geheimnis" bezeichnen, wäh-

Adam Weishaupt

Eule der Minerva
Die Eule, die ein geöffnetes Buch hält, war das Symbol der Illuminaten.

Theresienstraße 23 in Ingolstadt (Deutschland)
In diesem Haus befand sich der legendäre Illuminatensaal, wo die Mitglieder ihre Geheimtreffen abhielten.

rend Weishaupt die Existenz seiner Illuminaten völlig verschleierte. Sie sollten unsichtbar bleiben, wie unter einer Tarnkappe verborgen. Gerade diese absolute Geheimhaltung ließ die Illuminaten später als besonders gefährlich erscheinen.

Wie funktionierte die Tarnung? Jedes Mitglied bekam einen Decknamen: Weishaupt = Spartacus, Zwackh = Cato, Knigge = Philo etc. Dasselbe galt für Städte und Länder: München = Athen, Wien = Rom, Bayern = Griechenland, Österreich = Ägypten etc. Briefe und Berichte wurden teilweise mit einem Zahlencode verschlüsselt (A=12, B=11 etc.) und gelegentlich mit unsichtbarer Tinte geschrieben. Außerdem besaßen die Illuminaten einen eigenen Kalender. Der 1. Mai 1776 (das Datum der Ordensgründung) war beispielsweise der 1. Adarpahascht 1146. Diese hoch-

komplizierte Geheimniskrämerei erinnert ein wenig an kindliche Bubenspiele, traf aber den Geschmack der Mitglieder. Geheimnisse üben eine eigentümliche Faszination aus, weil jeder Mensch von Natur aus neugierig ist und in das Geheimnis eingeweiht werden möchte. Später stellte sich allerdings heraus, dass alles nichts nützte. Weishaupt erging es nicht besser als heute den Amerikanern und der NSA: Es gab Verräter in den eigenen Reihen, wogegen jede Verschlüsselung machtlos ist.

Weishaupts neuer Geheimbund fiel auf fruchtbaren Boden. Das 18. Jahrhundert galt geradezu als goldenes Zeitalter der geheimen Bruderschaften. Adolph Freiherr Knigge schrieb sogar, dass fast alle Bürger irgendwann einmal einem Geheimbund angehörten: „Man wird heutzutage in allen Ständen wenig Menschen antreffen, die nicht, von Wissbegierde, Tätigkeitstrieb, Geselligkeit oder Vorwitz geleitet, wenigstens eine Zeitlang Mitglied einer solchen geheimen Verbrüderung gewesen wären."

Es bestand also eine große Nachfrage nach Geheimgesellschaften, aber auch ein großes Angebot. Die beiden Platzhirsche waren die Freimaurer und die Rosenkreuzer mit internationalen Organisationen. Daneben schossen regionale und lokale Geheimbünde wie Pilze aus dem Boden, sodass die Illuminaten nur einer von vielen waren. Dementsprechend schleppend verlief die Anwerbung neuer Mitglieder. Immerhin war es Weishaupt gelungen, einen engagierten Mitstreiter zu finden: Franz Xaver Zwackh, der ab 1778 die Zweigstelle München aufbaute. Zu jener Zeit zählte der Orden gerade einmal neun Mitglieder! Doch Zwackh brachte frischen Schwung hinein, und noch im selben Jahr expandierten die Illuminaten in andere Städte wie Freising und Bamberg.

Tafel am Haus Theresienstraße 23 in Ingolstadt (Deutschland)

Gerade als es endlich aufwärts ging, drohten die Illuminaten auch schon wieder zu scheitern, und zwar an Weishaupts Sturheit. Er sah sich als Alleinherrscher und zeigte keine Bereitschaft, Kompetenzen und Macht abzugeben. Stattdessen entwickelte er einen regelrechten Kontrollwahn: Alle Mitglieder mussten regelmäßig Berichte abliefern, wobei sie sich auch gegenseitig ausspionieren sollten. Weishaupt wollte über jede Kleinigkeit genauestens Bescheid wissen. Außerdem behandelte er Zwackh stets wie einen Untergebenen, obwohl es in München bereits mehr Mitglieder gab als in Ingolstadt. Die Rivalität zwischen Weishaupt und Zwackh führte zu Machtkämpfen, die den Orden lahmlegten und schließlich in einer tiefen Krise gipfelten, verschärft durch eine katastrophale Finanzmisere, denn die Mitglieder mussten keine festen Beiträge zahlen. Im Dezember 1779 waren die Illuminaten am Ende. Die gesamte Mitgliederzahl belief sich auf lächerliche 60 Personen. Doch dann wendete sich das Blatt völlig überraschend: Adolph Freiherr Knigge trat den Illuminaten bei und sollte sich als Retter in der Not entpuppen.

Wappen von Ingolstadt am Kaiser-Ludwig-Brunnen in Ingolstadt (Deutschland)

Liebfrauenmünster in Ingolstadt (Deutschland)
Die bevorzugten Angriffsziele der Illuminaten waren die Jesuiten und die katholische Kirche.

Adolph Freiherr Knigge

Als Weishaupt 1779 sah, wie es mit seinem Orden nach nur drei Jahren unaufhaltsam bergab ging, entschloss er sich zu einer Verzweiflungstat: In fremden Gewässern fischen, sprich: Freimaurer abwerben! Zu jener Zeit gab es in Deutschland 19 Freimaurer-Logen. Trotzdem steckte dieser Orden gerade in der Krise – eine ideale Situation, um unzufriedene Freimaurer für die Illuminaten zu gewinnen. Einer von ihnen war Adolph Freiherr Knigge (1752–1796), heute noch bekannt als Verfasser der berühmten Benimm-Regeln („Über den Umgang mit Menschen"). Knigge entstammte einer alten Adelsfamilie, besaß exzellente Manieren und stand im Dienste mehrerer Grafen und Herzöge, die ihn als „Kurzweilmacher" schätzten.

1772 trat er der Freimaurer-Loge in Kassel bei, blieb jedoch lange Zeit ein Lehrling, weil er nach Ansicht der Oberen zu unbeherrscht, zu ungehorsam und zu wenig verschwiegen war. Frustriert wollte er zu den Rosenkreuzern wechseln, die ihn jedoch ablehnten. Für die Illuminaten eine leichte Beute! 1780 gelang es ihnen, Knigge anzuwerben. Voll Enthusiasmus stürzte er sich in die Arbeit und überredete etliche weitere Freimaurer, ihm zu folgen. Weishaupt, der schon fast alle Hoffnungen auf eine Rettung seines Ordens aufgegeben hatte, witterte Morgenluft. Mit einem Mann wie Knigge könnte es gelingen, das sinkende Schiff wieder flottzumachen. Er akzeptierte Knigge als Generalsanierer, weihte ihn in die Struktur der Illuminaten ein und ließ ihm freie Hand – jedenfalls fürs Erste.

Knigge erkannte schnell die unzähligen Probleme. Beim Führungsstreit zwischen Weishaupt und Zwackh verhinderte er eine Eskalation, indem er den Münchnern mehr Kompetenzen gab. Die Finanzlage verbesserte er, indem nun jedes Mitglied Beiträge leisten musste, wenn auch deutlich geringere als bei den Freimaurern. Um den Orden attraktiver zu machen, richtete ihn Knigge neu aus. Bisher waren die Illuminaten nicht viel mehr als ein Bildungssystem für Studenten. Knigge wollte jedoch Bürger und Freimaurer anlocken. Dazu musste er die bescheidenen Ziele des Ordens höher schrauben: Infiltration des Schulsystems und Unterwanderung der Regierung, um an die Schalthebel der Macht zu kommen! So startete er eine neue Werbekampagne: Die Illuminaten seien bereits so erfolgreich, dass sie alle Regierungen Europas und sogar Nordamerikas infiltriert hätten und alle Fürsten, Könige und Präsidenten ganz nach Belieben manipulieren könnten! Nun ist Werbung bekanntlich keine Lüge, sondern eine zweckmäßige Übertreibung. So gesehen übertrieben die Illuminaten allerdings schamlos. Heute wissen wir, dass die tatsächlichen Erfolge äußerst bescheiden waren. Aber wie auch immer, der Zweck heiligt die Mittel, sodass die angebliche Macht der Illuminaten für einen regelrechten Boom sorgte. Innerhalb weniger Jahre breitete sich der Orden über ganz Deutschland aus und expandierten nach Österreich und in die Schweiz. In anderen Ländern gab es dagegen nur einzelne Mitglieder, beispielsweise in Dänemark, Polen und Italien. Später sollten die Übertreibungen ein Eigenleben entwickeln und die Illuminaten wesentlich bedrohlicher wirken lassen als sie tatsächlich waren. Damit wurde aber auch der Grundstein gelegt für ihre anhaltende Bekanntheit.

In den Jahren 1782 bis 1784 standen die Illuminaten am Höhepunkt ihrer Macht. Der Orden zählte damals rund 2500 Mitglieder (die Schätzungen reichen von 1000 bis 4000 Personen, doch dürften 2500 der Wahrheit am nächsten kommen). Zum Vergleich: Den Freimaurern gehörten etwa 27 000 Mitglieder an. Die Illuminaten waren zwar mehr als zehnmal kleiner, aber sie hatten es geschafft, von einem regionalen Ingolstadt-München-Geheimbund zu einem deutschlandweiten Orden aufzusteigen. Viele Lehrer, Schuldirektoren, kleine und höhere Beamte, Ärzte, Apotheker, Richter, Offiziere, Adelige, Buchhändler, Drucker und Verleger verbreiteten nun die Ideen der Illuminaten. Das prominenteste Mitglied war aber zweifellos Johann Wolfgang von Goethe. Sein Name steht auf

Adolph Freiherr Knigge

Relief in der Franziskanerkirche in Ingolstadt (Deutschland)
Ihre Feinde unterstellten den Illuminaten, dass sie die Weltherrschaft anstrebten und dabei über Leichen gingen.

einer Liste, die bis zum heutigen Tage erhalten geblieben ist. Goethe selbst nahm nie Stellung dazu. Heute behaupten seine Anhänger, er sei den Illuminaten nur beigetreten, um sie auszuspionieren – wofür es aber keine Beweise gibt.

Die Illuminaten publizierten fleißig Pamphlete und Schmähschriften, die heimlich gedruckt und von Buchhändlern „unter dem Tisch" verkauft wurden. Bevorzugtes Angriffsziel war allerdings nicht der Kurfürst Karl Theodor, sondern die Jesuiten und die Kirche. Solche Anfeindungen konnten auf Dauer nicht ohne Gegenreaktion bleiben. Ab 1783 formierte sich Widerstand, der zuerst von den Jesuiten und den Rosenkreuzern kam. Die Erfolge der Illuminaten waren ihnen schon lange ein Dorn im Auge. So begannen sie, die Konkurrenz auszuspionieren. Einige Überläufer verrieten ihnen tatsächlich die Struktur und die Ziele. Genüsslich veröffentlichten die Rosenkreuzer diese Geheimnisse in der Schrift „Illuminaten entlarvt". Damit war die Deckung aufgeflogen. Nun erfuhr die staunende Öffentlichkeit, vor allem aber auch der Kurfürst von der Existenz dieses Geheimbundes.

In dieser Krisensituation hätten die Illuminaten sofort Gegendarstellungen veröffentlichen müssen, um die – teils übertriebenen – Anschuldigungen zu entkräften. Stattdessen eskalierten die internen Zwistigkeiten. Der seit Langem schwelende Konflikt zwischen Weishaupt und der Münchener Gruppe, den Knigge besänftigt hatte, brach mit ungewöhnlicher Heftigkeit wieder aus. Graf von Cobenzl forderte Weishaupts Absetzung, der sich nun selbst als Opfer einer Verschwörung sah und zum großen Rundumschlag ausholte, von dem nicht einmal Knigge verschont blieb. Weishaupts bissige Attacken arteten in einen regelrechten Krieg gegen Knigge aus, der schließlich kapitulierte: Am 20. April 1784 verkündete der einstige Retter des Ordens seinen Austritt. Weishaupt blieb an der Spitze, doch er konnte sich seines Sieges nicht lange erfreuen. Die bayerischen Juristen tüftelten bereits an einem Gesetz zum Verbot der Illuminaten.

Das Ende der Illuminaten

Kurfürst Karl Theodor galt als gutmütiger Regent mit mäßiger Intelligenz. Als die ersten Vorwürfe gegen die Illuminaten an die Öffentlichkeit drangen, schenkte er diesen keine Beachtung – ebenso wenig wie andere deutsche Herrscher. Der preußische König Friedrich der Große hielt die Illuminaten für zu unbedeutend, als dass sie einer Verfolgung wert gewesen wären. Also mussten die Gegner schwerere Geschütze auffahren. Als Wortführer trat Josef Utzschneider auf, einst selbst hohes Mitglied der Illuminaten. Er war von Weishaupt hinausgeekelt worden und sann nun auf Rache. So schaffte er es, der Herzogin Maria Anna von Bayern einen haarsträubenden Blödsinn einzureden. Er beschuldigte die Illuminaten der Giftmischerei (Ärzte und Apotheker würden unliebsame Gegner mit Gift ins Jenseits befördern) und des Hochverrats. Beamte würden geheime Staatspapiere stehlen und dem österreichischen Kaiser Joseph II. zuspielen, der mit Hilfe der Illuminaten ganz Bayern dem Habsburger Reich einverleiben wolle.

Alte Anatomie in Ingolstadt (Deutschland)
Eine der Anschuldigungen gegen die Illuminaten lautete, Ärzte und Apotheker würden unliebsame Gegner mit Gift aus dem Weg räumen.

Bei der Herzogin schrillten alle Alarmglocken und sie informierte den Kurfürsten, der sich nun zum Handeln gezwungen sah. Am 22. Juni 1784 erließ er ein Edikt, das allerdings ziemlich milde ausfiel. Es stellte fest, dass Geheimgesellschaften aller Art in Bayern nicht geduldet werden. Weishaupt beging einen schweren Fehler, indem er das Edikt auf die leichte Schulter nahm. Frischfröhlich machten die Illuminaten weiter, nur, dass sie ihre Treffen jetzt öffentlich abhielten und als Lesezirkel deklarierten. Folglich könne ihnen niemand den Vorwurf eines Geheimbundes machen – dachten sie zumindest.

Verständlicherweise schäumten ihre Gegner vor Wut und griffen nun in die unterste Schublade, um die gemeinsten Anklagen hervorzuholen. In Pamphleten beschuldigten sie die Illuminaten der Sodomie und wüster Orgien. Der wichtigste Punkt blieb aber der Vorwurf der Spionage. Die Illuminaten hätten bereits die gesamte bayerische Regierung unterwandert, seien im Besitz aller Staatsgeheimnisse und stünden kurz vor der Machtübernahme. Jetzt wurde Kurfürst Karl Theodor hellhörig. Am 2. März 1785 setzte er ein zweites Edikt in Kraft, das die Illuminaten ausdrücklich verbot. Gleichzeitig befahl er eine großangelegte Hetzjagd. Zu diesem Zeitpunkt hatte Adam Weishaupt das sinkende Schiff bereits verlassen. Mitte Februar, also nur zwei Wochen vor dem zweiten Edikt, zerstritt er sich mit der Universitätsleitung wegen des Ankaufs neuer Bücher. Er reichte seinen Abschied ein und reiste nach Regensburg, wo er untertauchte. Als die Polizei ihn in Ingolstadt verhaften wollte, fand sie nur eine leere Wohnung.

Schloss Sandersdorf (Privatbesitz) in Sandersdorf bei Altmannstein (Deutschland)
Nach dem Verbot des Ordens flohen die Illuminaten von Ingolstadt ins nahegelegene Schloss Sandersdorf.

Die große Verhaftungswelle, die man jetzt eigentlich erwartet hätte, blieb aus. Zum einen kannte die Polizei nur sehr wenige Namen. Im April 1785 besaß sie lediglich eine Liste der 25 führenden Köpfe, die meist schon die Flucht ergriffen hatten. Zum anderen verhielten sich die Illuminaten ruhig. Wenn sie das Verbot befolgten, gab es keinen Grund zur Verhaftung. Da passierte am 10. Juli 1785 nach dem Prinzip der größten Gemeinheit etwas Unglaubliches: Als Weishaupt vor den Toren Regensburgs mit dem Boten Johann Jakob Lanz einen Spaziergang machte, traf diesen ein Blitzschlag. In seinen Kleidern eingenäht entdeckte die Polizei Namenslisten und Geheimpapiere, die eindeutig bewiesen, dass die Illuminaten noch aktiv waren. Jetzt schlug der Staatsapparat mit aller Härte zu. Verhaftungen, Verhöre und Hausdurchsuchungen brachten Ungeheuerliches zutage. So befanden sich beispielsweise viele Poststationen in den Händen der Illuminaten, die fleißig Briefe öffneten, um die Informationen für ihre Zwecke zu nutzen.

Den Todesstoß versetzte die Polizei den Illuminaten, als sie in der Wohnung von Franz Xaver Zwackh das gesamte Archiv sicherstellte. Mitgliederlisten, Briefe, Dechiffriertabellen, Statuten und Pamphlete fielen ihr in die Hände. Die Ermittler trauten ihren Augen nicht, als sie die Papiere durchlasen. Von der Beschreibung einer Höllenmaschine über Rezepte für Abtreibungsmittel bis hin zur Anleitung für die Herstellung von Geheimtinte war alles detailliert aufgezeichnet. Damit bewahrheiteten sich die schlimmsten

Anschuldigungen, die die Illuminaten als Verschwörer, Giftmischer und Kriminelle hingestellt hatten. Den Kurfürsten packte solches Entsetzen, dass er einen Großteil der Unterlagen im Originalwortlaut ohne Kommentar abdrucken ließ. Die Publikation erschütterte ganz Deutschland. Weishaupt, der mittlerweile nach Gotha geflüchtet war, verfasste neun Verteidigungsschriften, fand aber kein Gehör. Stattdessen jagte eine Sensation die nächste. Bei der Durchsuchung von Schloss Sandersdorf, das den zweifelhaften Ruf eines Illuminaten-Nestes genoss, erbeutete die Polizei weiteres, schwer belastendes Material.

Für Aufsehen sorgte außerdem Baron von Mendel, seines Zeichens der Kammerherr des Kurfürsten. Er beteuerte, das Ziel der Illuminaten sei die Weltherrschaft! Um es zu erreichen, sollten die Mitglieder alle Führungspositionen in den Regierungen einnehmen. Ärzte und Apotheker sollten die Gegner mit Gift aus dem Weg räumen. Der Geheimbund hätte seine Mitglieder außerdem zu Mord, Ehebruch, Prostitution und Sodomie angestiftet. Aus heutiger Sicht sind diese Vorwürfe unhaltbar, aber der Kurfürst glaubte sie offenbar, denn er setzte einen dritten Erlass in Kraft: Wer Mitglieder für die Illuminaten anwirbt, wird mit dem Tode bestraft! Für den Rest seines Lebens litt Karl Theodor unter einem Verfolgungswahn und vermutete hinter jeder Ecke eine Illuminaten-Verschwörung. Schuld daran waren auch die Jesuiten, die den Untergang ihrer verhassten Gegner in vollen Zügen genossen und keine Gelegenheit ausließen,

Schloss Sandersdorf (Privatbesitz) in Sandersdorf bei Altmannstein (Deutschland)
Dieses beeindruckende Schloss galt als Illuminaten-Nest. Hier beschlagnahmte die Polizei schwer belastende Unterlagen.

Schloss Sandersdorf (Privatbesitz) in Sandersdorf bei Altmannstein (Deutschland)
Zahlreiche Symbole schmücken den Eingang zum Schloss.

schaurige Gerüchte über Weishaupt und seinen Geheimbund in die Welt zu setzen. Zu allem Überfluss war Karl Theodors Beichtvater ein Jesuit, der seine Möglichkeiten, den Kurfürsten zu beeinflussen, schamlos ausnützte und ständig Öl ins Feuer goss.

Außerhalb Bayerns setzte dagegen eine nüchterne Betrachtung ein, ja es kam sogar zu einer Sympathiewelle für die Illuminaten. Eine Sache machte nämlich stutzig: Kein einziger Illuminat war in Bayern vor ein ordentliches Gericht gestellt worden, keiner hatte einen fairen Prozess bekommen. Stattdessen verurteilte eine Sonderkommission die Mitglieder, ohne ihnen eine Möglichkeit zur Verteidigung zu geben. Karl Theodor dürfte befürchtet haben, dass die Gerichte von Illuminaten infiltriert seien.

Waren die Illuminaten wirklich der gefährlichste Geheimbund aller Zeiten? Über diese Frage streiten Historiker und Verschwörungstheoretiker bis zum heutigen Tage. Halten wir uns zunächst an die Fakten. Auf der einen Seite entbehren die Vorwürfe der Giftmischerei und der Morde jeglicher Grundlage. Fest steht außerdem, dass Weishaupt nie einen gewaltsamen Umsturz oder eine Revolution plante. Auf der anderen Seite betrieben die Illuminaten tatsächlich Spionage und waren mit ihrem „Marsch durch die Institutionen", also der Unterwanderung des Systems, recht erfolgreich. Man kann sie somit keinesfalls als harmlos bezeichnen. Trotzdem glauben Historiker nicht, dass es ihnen jemals gelungen wäre, die Macht in Bayern zu übernehmen. Wenn nicht Verbote und Verfolgung die Illuminaten ins Rampenlicht gerückt hätten, wären sie wahrscheinlich wegen ihrer internen Reibereien sang- und klanglos untergegangen.

Nüchtern betrachtet war und ist die Illuminaten-Hysterie hoffnungslos übertrieben. Schuld daran sind eine Reihe eigentümlicher Faktoren: Erstens prahlten die Illuminaten selbst damit, dass sie alle Fürsten, Könige und Präsidenten in Europa und Amerika manipulieren könnten. Zweitens entwickelte Kurfürst Karl Theodor einen persönlichen Verfolgungswahn, der ihn jedes Maß und Ziel beim Kampf gegen die Illuminaten vergessen ließ. Dadurch erschien die Bedrohung –

Kreuztor in Ingolstadt (Deutschland)
Nach dem Verbot der Illuminaten tauchte das Gerücht auf, sie seien die Urheber der Französischen Revolution.

auch und gerade aus der Sicht des Auslands – größer als sie tatsächlich war. Drittens glaubte Karl Theodor alle unbewiesenen Gerüchte und stellte die Angeklagten viertens nicht vor ein ordentliches Gericht, das die Hirngespinste entlarvt und den Illuminaten die Möglichkeit zur Verteidigung gegeben hätte.

Das Zusammenspiel all dieser Faktoren bildete einen idealen Nährboden für Mythen und Verschwörungstheorien. 1789, nur vier Jahre nach dem Verbot der Illuminaten, brach die Französische Revolution aus. Schon kurz darauf kursierte das Gerücht, die Illuminaten seien die entscheidende Antriebskraft gewesen. Tatsächlich gab es in Paris eine Freimaurer-Loge mit dem Namen „Les Illuminés", die allerdings nicht das Geringste mit den bayerischen Illuminaten zu tun hatte. Aber wer kümmert sich in den Wirren einer Revolution schon um Fakten? 1797 veröffentlichte der französische Jesuit Abbé Augustin Barruel ein außerordentlich erfolgreiches Buch, in dem er die Gerüchte als Tatsachen präsentierte: Die Illuminaten sind die wahren Urheber der Französischen Revolution! Damit sicherte er dem kleinen Geheimbund aus Bayern endgültig einen Platz in der Weltgeschichte. Wie groß musste dessen Macht sein, wenn er sogar den französischen König stürzen konnte? Spätestens ab diesem Zeitpunkt entwickelten die Verschwörungstheorien eine Eigendynamik. Die Illuminaten galten jetzt nicht mehr als bayerischer Geheimbund mit ein paar Mitgliedern in einflussreichen Positionen, sondern als Weltverschwörungsorganisation, die als erste Kostprobe ihrer unermesslichen Stärke die französische Monarchie hinweggefegt hatte.

**Fausthaus in Ingolstadt
(Deutschland)**
Auch Goethe, der Dichter des
„Faust", gehörte den Illuminaten an.
In Ingolstadt wohnte kurzzeitig
der echte Dr. Faust.

**Tafel am Fausthaus in Ingolstadt
(Deutschland)**

DR. JÖRG FAUSTUS AUS HEIDELBERG HIELT SICH 1528 IN INGOLSTADT AUF, SO MELDET UNS DAS INGOLSTÄDTER RATSPROTOKOLL VOM MITTWOCH NACH VITI 1528. GLAUBWÜRDIGER ÜBERLIEFERUNG NACH HAT DIESER DR. JÖRG FAUSTUS IN DIESEM HAUS GEWOHNT.

Damit sind wir wieder bei „Frankenstein". Percy Shelley erwarb Barruels „Geschichte des Jakobinismus" bereits 1810, als er sein Studium in Oxford begann. Fasziniert las er vom Komplott der Illuminaten gegen die verhasste Monarchie. Dass Barruel alles völlig falsch darstellte, wusste Percy nicht, vielleicht war es ihm auch egal. Barruel gehörte zu den Anhängern der Monarchie, die die Illuminaten in Grund und Boden verdammten. Percy dagegen bekämpfte die Monarchie und sah in Barruels Buch eine Anleitung zum politischen Umsturz. 1812 verteilte er in Irland Pamphlete, in denen er – wie bereits erwähnt – die Iren aufforderte, sich ein Beispiel an den Illuminaten zu nehmen. Im Internet finden wir sogar die Behauptung, er sei selbst ein Illuminat gewesen (Google-Stichwort: Percy Shelley Illuminati), doch wie so oft entpuppt sich dies als Internet-Ente. Fest steht jedoch, dass er

Liebfrauenmünster in Ingolstadt (Deutschland)
Heute genießt Ingolstadt seine Berühmtheit dank „Frankenstein". Hier kann man tatsächlich das Ambiente aus dem Roman spüren.

zusammen mit Mary die „Geschichte des Jakobinismus" gelesen und Mary dadurch mit seiner Begeisterung für die Illuminaten angesteckt hat. Deshalb schickte sie Frankenstein zum Studieren nach Ingolstadt, mitten hinein ins gefürchtete Illuminaten-Nest! Im Roman selbst erwähnt sie den Geheimbund allerdings mit keiner Silbe.

Heute genießt Ingolstadt seine Berühmtheit dank Frankenstein. Immerhin verweist auch ein Schild im Film „Frankenstein" (1931) darauf, dass die Handlung in „Goldstadt" spielt. Seit 1995 findet jeden Sommer „Dr. Frankensteins Mystery Tour" statt, bei der Frankenstein, sein Gehilfe Igor und das Monster die Besucher mit auf eine heiter-gruselige Stadtführung nehmen. Daneben gibt es auch die Erlebnisführung „Jesuiten, Illuminaten und die ‚Sau von Ingolstadt'" (www.illuminat.in und www. frankenstein.in).

Aber was wurde aus den echten Illuminaten? Adam Weishaupt flüchtete nach Gotha, wo Herzog Ernst II. von Sachsen-Gotha-Altenburg selbst diesem Geheimbund angehörte und ihm bis zu seinem Tode im Jahr 1830 ein sicheres Exil bot. Durch einen privaten Skandal (er hatte seine Schwägerin geschwängert und danach eine Abtreibung in Betracht gezogen) stellte er sich selbst aufs Abstellgleis und lebte bis ans Ende seiner Tage in Geldsorgen. Der Herzog dagegen ließ das umfangreiche Illuminaten-Archiv, das sich bei ihm angesammelt hatte, in Kisten verpacken und nach Schweden bringen, sodass es den Spitznamen „Schwedenkiste" bekam. Heute befindet sich diese „Kiste" wieder in Berlin, wo Experten in mühsamer Kleinarbeit das handgeschriebene Gekritzel entziffern. Doch die Arbeit lohnt sich: In den Unterlagen der „Schwedenkiste" entdeckte man Goethes Namen!

Neues Schloss in Ingolstadt (Deutschland)
Nach dem Untergang der echten Illuminaten tauchten Trittbrettfahrer auf, also Geheimbünde, die sich denselben klangvollen Namen aneigneten.

Außerhalb Bayerns lösten sich die Illuminaten nach dem Verbot vom 2. März 1785 sehr schnell auf, obwohl das Verbot eigentlich ja nur für Bayern galt. Durch die internen Kleinkriege und Knigges Austritt hatten sich bereits vor 1785 deutliche Zersetzungstendenzen bemerkbar gemacht, die sich jetzt, nach Weishaupts Flucht, rasant beschleunigten. In München versuchte ein harter Kern, den Geheimbund fortzuführen, jedoch ohne Erfolg. Ab 1790 lassen sich kaum noch Tätigkeiten nachweisen. Als endgültiges „Todesjahr" des Illuminatenordens gilt 1799, als ein weiteres Verbot von geheimen und okkulten Gesellschaften in Kraft trat. Seither fehlt jeder schriftliche Beweis für irgendwelche Aktivitäten.

Dafür tauchten Trittbrettfahrer auf. 1896 gründete Leopold Engel den „Weltbund der Illuminaten", der bis 1929 existierte, 1978 folgten zwei britische Okkultisten mit den „Illuminaten von Thanateros". Überflüssig zu erwähnen, dass beide Vereinigungen nicht das Allergeringste mit den echten Illuminaten von Ingolstadt zu tun haben. Trotzdem erwecken sie die Illusion, es gäbe die Illuminaten noch heute – ein gefundenes Fressen für alle Verschwörungstheoretiker!

Als Dan Brown im Jahr 2000 seinen Thriller „Illuminati" veröffentlichte, heizte er den Mythos von den gefährlichen Weltverschwörern so richtig schön an. Die Machenschaften der Illuminaten übertrafen die schlimmsten Befürchtungen! „Die Illuminati waren satanisch, ja", erklärt Professor Robert Langdon auf Seite 54, um dann mit weiteren schaurigen Geschichten aufzuwarten: „Die Vernichtung des Katholizismus war das vorrangige Ziel der Illuminati. … Die Illuminati nutzten ihren Vorteil und halfen bei der Gründung von Universitäten, Banken und Industrien, um ihr ulti-

Kensale Green Cemetery in London (England)
Dan Browns Thriller „Illuminati" schürt die Angst vor einer Weltverschwörung und lässt die Illuminaten nicht zur Ruhe kommen.

matives Ziel zu finanzieren. … Die Schaffung einer einzigen Weltregierung, eines weltumspannenden Staates, einer säkularisierten neuen Weltordnung."

Nun ist „Illuminati" ein fiktiver Roman, sodass Dan Brown künstlerische Freiheit genießt. Niemand erwartet von einem Krimiautor, dass er sich exakt an historische Fakten hält. Allerdings macht eine Sache stutzig: Vor Beginn des Romans findet der ahnungslose Leser eine „Anmerkung des Verfassers", in der es wortwörtlich heißt: „Hinweise auf Kunstwerke, Gruften, Tunnel und Bauten in Rom beruhen auf Tatsachen, einschließlich ihrer genauen Lage. Man kann sie heute noch besichtigen. Die Bruderschaft der Illuminati existiert ebenfalls." Aha. Diese letzte Aussage kann man nur als böswillige Irreführung der Leser interpretieren. Für den Nervenkitzel und die Verkaufszahlen spielt es eine entscheidende Rolle, den Lesern vorzugaukeln, der Thriller beruhe auf Tatsachen. Deshalb sei Dan Brown hier ein wenig ins Handwerk gepfuscht und nochmals klargestellt: Der echte Illuminatenorden existierte von 1776 bis 1785 in Deutschland, Österreich und der Schweiz. Im Vatikan gab es niemals eine Niederlassung. Ebenso wenig tauchte ein solcher Geheimbund im 16. Jahrhundert auf. Folglich gehörten weder Galileo Galilei noch Lorenzo Bernini jemals den Illuminaten an. Die letzten schriftlichen Zeugnisse stammen aus dem Jahr 1799. Seither sucht man vergeblich nach Beweisen für irgendwelche Aktivitäten der echten Illuminaten. Kurzum: Dan Browns „Illuminati" enthält 100 % Fiktion und 0 % Fakten!

Warum erfreuen sich Verschwörungstheorien bis heute so großer Beliebtheit – trotz erdrückender wissenschaftlicher Gegenbeweise? Thomas Grüter listet in seinem Buch „Freimauerer, Illuminaten und anderer Verschwörer – Wie Verschwörungstheorien funktionieren" verschiedene Gründe für die anhaltende Faszination auf. Zunächst liefern Verschwörungstheorien eine simple, plausible und einleuchtende Erklärung für komplizierte Ursachen. Warum brach die Französische Revolution aus? Wegen des komplexen Zusammenspiels diverser Faktoren: Finanzmisere, Steuererhöhungen, Reformunfähigkeit, Opposition des Adels, Ideen der Aufklärung, Verteuerung der Lebensmittel, Versorgungsengpässe in Paris wegen einer Missernte etc. Ist es da nicht viel einfacher zu sagen: Wegen einer Verschwörung der Illuminaten?

Zweitens glauben die Menschen gerne an „das Böse hinter der Welt". Egal, ob Teufel, Hexen oder Verschwörer: Wir fühlen uns von unsichtbaren, dunklen Mächten bedroht! Drittens dienen Verschwörungstheorien dem Zusammenhalt der eigenen sozialen Gruppe: Wir sind die Guten, die Verschwörer dagegen die Bösen! Viertens fühlen sich die Anhänger einer Verschwörungstheorie als Eingeweihte: Sie kennen das geheime Wissen um die wahren Hintergründe, während die anderen im Dunkeln tappen. Ein Ende der Verschwörungshysterie ist deshalb nicht in Sicht, und der Geist der Illuminaten wird auch in Zukunft nicht zur Ruhe kommen.

Oben links:
Brompton Cemetery in London (England)

Alle übrigen Bilder dieser Doppelseite:
Kensale Green Cemetery in London (England)
Die Menschen glauben gerne an das Böse hinter der Welt. Deshalb wird es auch in Zukunft immer wieder Verschwörungstheorien geben.

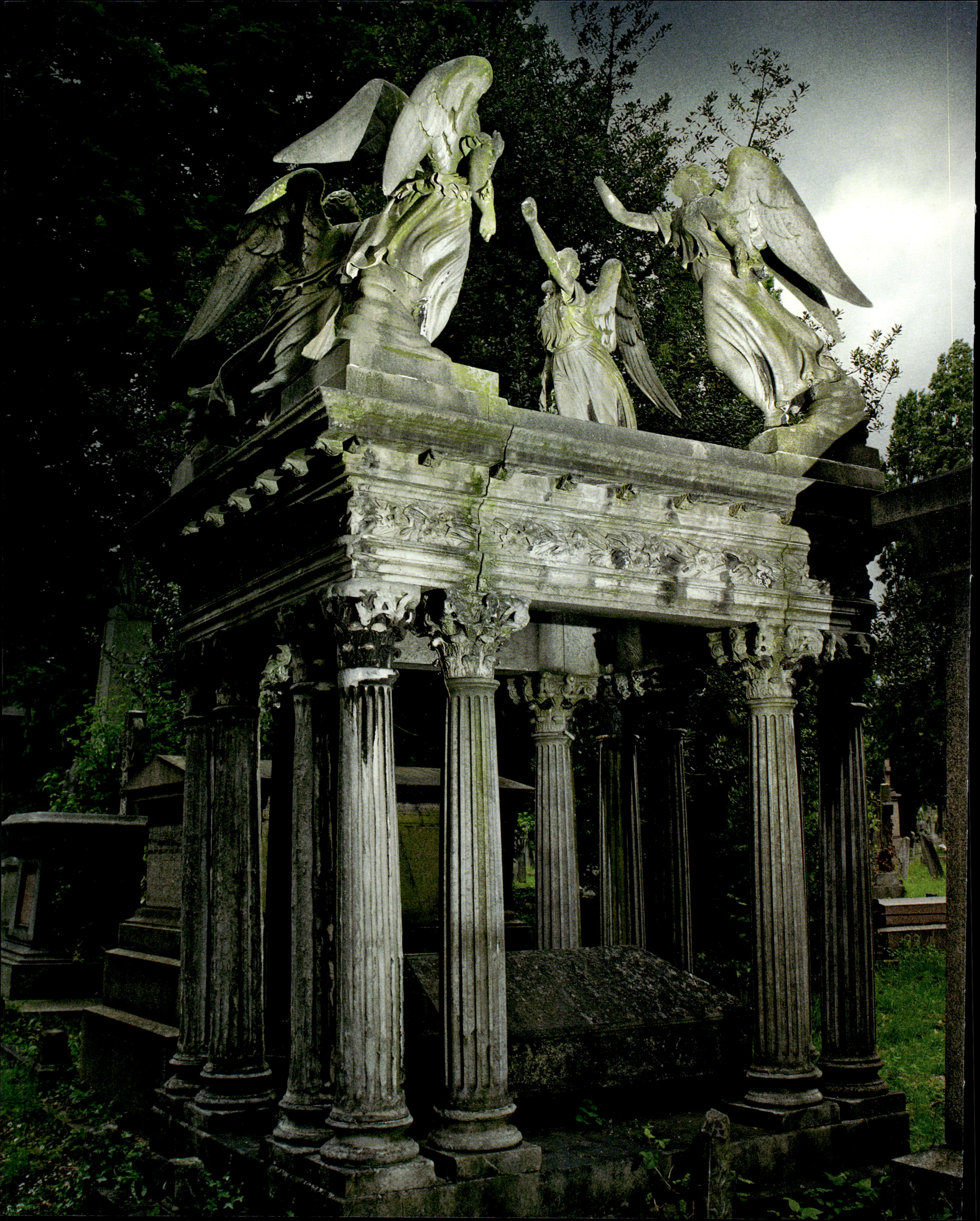

Literaturverzeichnis

Wer den Roman lesen möchte, dem sei besonders die 1. Auflage von 1818 empfohlen: **Mary Shelley: Frankenstein oder Der moderne Prometheus – Die Urfassung, übersetzt und herausgegeben von Alexander Pechmann** (München, 2013). Ebenfalls von Alexander Pechmann herausgegeben wurde **Mary W. Shelley und Percy B. Shelley: Flucht aus England** (Hamburg, Genf, Friesland, 2002). Beide Bücher enthalten umfangreiche zusätzliche Dokumente wie Briefe und Rezensionen. Außerdem hat Alexander Pechmann die höchst interessante Biographie **Mary Shelley – Leben und Werk** (Düsseldorf, 2006) verfasst. Eine weitere Biographie stammt von **Muriel Spark: Mary Shelley** (Frankfurt a. M. und Leipzig, 1992).

Eine exzellente Zusammenfassung der Entstehungsgeschichte von „Frankenstein" findet sich in **Alpträume – Die Ursprünge des Horrors von Christopher Frayling** (Köln, 1996). Eine wichtige Quelle ist außerdem das Tagebuch von Polidori: **The Diary of Dr. John William Polidori** (herausgegeben von William Rossetti, London, 1911), das man im Internet als PDF-Datei herunterladen kann.

Die umfassendsten Informationen zum Thema Frankenstein bietet **In Search of Frankenstein** (London, 1977) von **Radu Florescu**. Auch wenn die Dippel-Theorie fragwürdig erscheint, so enthält dieses Buch dennoch jede Menge sorgfältig recherchierter Details zu allen Aspekten von „Frankenstein" (Mary Shelleys Leben, der Sommer in Genf, Theateraufführungen, Filme und vieles mehr).

Ähnliches gilt für **Walter Scheele: Burg Frankenstein – Eine europäische Geschichte** (Frankfurt, 2009). Seine Grimm-Theorie ist zwar mit Vorsicht zu genießen, daneben präsentiert dieses spannend geschriebene Buch aber zahlreiche nützliche Informationen zur Burg Frankenstein.

Um Benjamin Franklin und die Geschichte der Elektrizität geht es bei **Christa Möhring: Eine Geschichte des Blitzableiters** (Dissertation, Berlin, 2005). Dieses Werk kann man im Internet als PDF-Datei herunterladen.

Die Geschichte der Illuminaten schildert **Beatrix Schönewald: Der Orden der Illuminaten in Ingolstadt** (S. 281–640), in: Sammelblatt des Historischen Vereins Ingolstadt, 120. Jahrgang, 2011. Ein weiteres empfehlenswertes Buch zu diesem Thema stammt von **Thomas Grüter: Freimaurer, Illuminaten und andere Verschwörer – Wie Verschwörungstheorien funktionieren** (Frankfurt, 2011). Wer sich in Ingolstadt auf Spurensuche begeben will, dem sei **Spuren eines Phantoms – Frankenstein in Ingolstadt** (Ingolstadt, 2010) von **Michael Klarner** empfohlen.

Linke Seite:
Kensale Green Cemetery in London
(England)

GROSSBRITANNIEN

- Hier verfasste Mary Shelley weite Teile von „Frankenstein"
- Mary Shelley: 1797 in London geboren und 1851 hier verstorben

Watford
Bath Reading
LONDON
Southend-on-Sea
Gravesend
Southampton
Portsmouth Brighton
Dover
Bournemouth — Mary Shelleys Grab

Straße von Dover

Ärmelkanal

Nordsee

Den Haag Rotterdam
Maassluis Dordrecht
NIEDER...

Calais
Brugge Antwer...
Boulogne Gent
Flandern Bruxelle
Lille **BELGIE...**
Charle...

Artois

Abbeville
Amiens
Beauvais
Rouen
Reims
Caen
Seine

Normandie
PARIS
Guignes-Rabutin
Provins
Nogent-s.-Seine
Troyes

Champagne

1. Rei... sowie

Le Mans
Orléans
Yonne
Seine

FRANKREICH

Angers
Tours
Bourges
Bourgo...

Nantes

Chalon s.-Saô...

Ze... In Genf verbring...

Limoges
Clermont-Ferrand
Ly...

● im Buch abgebildete Orte

Mary und Percy Shelley & Clairmont in die Schweiz (Sommer 1814)

Deutschland
- Arnheim
- Münster
- Leipzig
- Kleve
- Xanten
- Duisburg
- Essen
- Dortmund
- Moers
- Bochum
- Düsseldorf
- Wuppertal
- Kassel
- Leverkusen
- Köln
- Aachen
- Bonn
- Liège
- Fulda
- Neuwied
- Koblenz
- Marksburg
- Burg Katz
- Loreley
- Burg Schönburg
- Burg Rheinstein
- Frankfurt
- Bingen
- Wiesbaden
- Mainz
- Darmstadt
- Würzburg
- Gernsheim
- "Echte" Burg Frankenstein
- Nieder-Beerbach
- Worms
- Kaiserslautern
- Ludwigshafen
- Mannheim
- Nürnberg
- "Falsche" Burg Frankenstein
- Speyer
- Heidelberg
- Saarbrücken
- Heilbronn
- Schloss Sandersdorf
- Karlsruhe
- Ingolstadt
- Metz
- Baden-Baden
- Stuttgart
- Augsburg
- Nancy
- Strasbourg
- Offenburg
- Ulm
- München
- Freiburg
- Konstanz
- Bodensee
- Mulhouse
- Winterthur
- St. Gallen
- Innsbruck
- Basel
- Laufenburg
- Rheinfelden
- Zürich
- Österreich
- Chaumont-en-Bassigny
- Langres
- Champlitte-et-le-Prélot
- Gray
- Besançon
- Solothurn
- Luzern
- Brunnen
- Chur
- Neuchâtel
- Bern
- Pilatus 2.122 m
- Vierwaldstätter See
- Pontarlier
- Neuenburger See
- Saint-Sulpice
- Freiburg
- Thun
- Yverdon
- Lausanne
- Château de Chillon
- Berner Alpen
- Genf
- Cologny
- Genfer See
- Mont Salève 1.380 m
- Aiguille de Varan 2.544 m
- Montenvers
- Mer de Glace
- Passy
- Chamonix
- Mont Blanc 4.808 m
- Chambéry
- Mailand
- Italien

Anmerkungen

- **Die Flussfahrt ging vorbei an der „echten" Burg Frankenstein bei Darmstadt.** Hier dürfte Mary den Namen „Frankenstein" aufgeschnappt haben. Eine weitere „Burg Frankenstein" liegt zu weit vom Rhein entfernt
- **Die Rückreise führte mit dem Schiff den Rhein hinunter** (gestrichelte Linie)
- **Schloss Sandersdorf** galt als „Illuminaten-Nest"
- **Zentrale Orte im Roman:** Hier wird das Monster von Frankenstein geschaffen
- **Der Gründungsort der Illuminaten 1776**
- **Hier ging Mary, Percy und Claire im August 1814 das Geld aus**
- **1816 entstand die Idee zu „Frankenstein"** in Lord Byrons Villa in Cologny
- **Zentrale Orte im Roman:** ...ter besteigt den Mont Salève
- **Zentrale Orte im Roman:** Das Monster flieht in die Bergwelt von Chamonix. Auf dem Gletscher Mer de Glace treffen Frankenstein und das Monster aufeinander
- Im Roman: ...kenstein seine Kindheit

Regionen
- Münsterland
- Westerwald
- Eifel
- Hunsrück
- Odenwald
- Fränkische Alb
- Schwarzwald
- Schwäbische Alb
- Vogesen
- Jura
- Berner Alpen
- Savoyen
- Alpen

*Gerald Axelrod und Liane Angelico
im Rittersaal der Burg Lockenhaus*

Impressum

Buchgestaltung
Matthias Kneusslin
www.hoyerdesign.de

Karte
Fischer Kartografie, Aichach

Alle Rechte vorbehalten

Printed in Germany
Repro: Artilitho snc, Lavis-Trento, Italien, www.artilitho.com
Druck und Verarbeitung: Offizin Andersen Nexö, Leipzig
© 2014 Verlagshaus Würzburg GmbH & Co. KG
© Fotos und Texte: Gerald Axelrod

ISBN 978-3-8003-4616-5

Unser gesamtes Programm finden Sie unter:
www.verlagshaus.com

Danksagung
Unser besonderer Dank für die Hilfe und Unterstützung bei der Entstehung dieses Buches gilt Anton Fenz, Gabriele und Raimund Gruber, Hilde und Nikolaus Huhn, Ursula Langer, Gerhild Mündlein, Jean Pierre Pastori, Georg Schulz, Laurence-Isaline Stahl Gretsch, Maja Velickovic sowie Gerhard und Rosi Volfing.

Gerald Axelrod
geb. 1962 in Hard (Österreich). Begann im Alter von 13 Jahren, seine ersten Schwarz-Weiß-Fotos selbst zu vergrößern. 1997 veröffentlichte er den Fotoband „… als lebten die Engel auf Erden", der sich rasch zu einem Kultbuch entwickelte und dem zahlreiche weitere Publikationen folgten. Mit über einem Dutzend Ausstellungen in Europa und den USA (u.a. in der Leica Gallery in New York) gehört Gerald Axelrod heute zu den führenden Künstlern auf dem Gebiet der mystischen Fotografie. – Lebt in der Nähe von Wien.
www.axelrod.at

Liane Angelico
geb. 1968 in St. Pölten (Österreich). Beschäftigt sich mit mittelalterlicher Mystik, die sie in lyrischen Werken und Gothic Novels in die heutige Zeit spiegelt. Sie gilt als moderne Mystikerin und als solche begleitet sie Gerald Axelrod bei seinen Reisen als Beraterin auf der Suche nach fantastischen Geschichten. – Lebt in der Nähe von Wien.

Weitere Publikationen von Gerald Axelrod:
1997 „… als lebten die Engel auf Erden" UBooks-Verlag,
 mit 84 Schwarz-Weiß-Fotografien; 5. Auflage 2006
2000 „Wo die Zeit keine Macht hat" Eulen Verlag,
 mit 96 Schwarz-Weiß-Fotografien; 3. Auflage 2003
2004 Postkartenbuch „… als lebten die Engel auf Erden"
 Verlag Artcolor, mit 30 Engel-Postkarten
2009 „Transsylvanien – Im Reich von Dracula" Verlagshaus Würzburg,
 mit 98 Farbfotografien
2010 Kalender „Dracula 2011", Verlagshaus Würzburg
2011 „Die Geheimnisse der Blutgräfin Elisabeth Báthory – Ihr Leben
 mit Fotografien aus der Slowakei, Österreich und Ungarn"
 Verlagshaus Würzburg, mit 128 Farbfotografien
 Kalender „Dracula 2012", Verlagshaus Würzburg
2012 „Die fantastische Welt der Brüder Grimm – Entlang der Deutschen
 Märchenstraße" Verlagshaus Würzburg, mit 150 Farbfotografien
2013 „Wo das Reich der Nibelungen verborgen liegt – Eine Spurensuche
 in Deutschland, Österreich und Ungarn" Verlagshaus Würzburg, mit
 161 Farbfotografien

Mit Liane Angelico:
2002 „… denn weiter als der Himmel ist die Liebe" Eulen Verlag,
 mit 92 Schwarz-Weiß-Fotografien
2005 „Die Nacht des Blutmondes" UBooks-Verlag,
 mit 105 Schwarz-Weiß-Fotografien
2006 „An den Ufern der Ewigkeit" UBooks-Verlag,
 mit 103 Schwarz-Weiß-Fotografien
2007 „Wo die Schatten wiederkehren", Weltbild-Verlag,
 mit 69 Schwarz-Weiß-Fotografien

In
Loving Memory
Of
GEORGE
WHO DIED ON
23rd MARCH
AGED 37 YEARS
DEVOTED HUSBAND
AND DADDY